中國近代歷史城市指南

City Guidebooks of Modern China

Hangzhou Section IV

杭州篇（四）

導論

何其亮｜美國伊利諾州立大學

　　杭州，柳永筆下的「東南形勝，三吳都會」，馬可波羅眼中的「天城」，也是毛澤東御用攝像師笑談中的中華人民共和國的「兩個首都」之一。[1] 自宋高宗建炎三年（1129 年）升格為臨安府，並稱「行在」以來，杭州就在中國歷史上佔有獨特的文化與政治地位。千年以降，其人文與自然景觀的完美融合，激發文人騷客的靈感從不同角度吟詠這座城市及其周邊地區的一草一木，一山一水。在這種山水與文化的互動之下，杭州及西湖早已不僅僅是一個風景旅遊勝地，而成為李慧漱所謂的"site of memory"（「記憶遺址」）。李慧漱認為：在宋元更替之後，杭州為「遺民們緬懷南宋王朝榮光、托寓自我」提供了場所。[2] 在此，對於李慧漱的評價有兩個補充。首先，這種故國之思、黍離之悲事實上並非杭州特有。在杭州（臨安）之前，就有如《洛陽伽藍記》、《洛陽名園記》、《汴京遺跡志》、《東京夢華錄》等追思舊都洛陽與汴梁的名篇。其次，許多關於

1　葉建新主編，《毛澤東與西湖》（杭州：杭州出版社，2005），133。

2　李慧漱，〈〈西湖清趣圖〉與臨安勝景圖像的再現〉，見李凇主編，《「宋代的視覺景象與歷史情境」會議實錄》（桂林：廣西師範大學出版社，2017），184-185。

杭州山川歷史風俗的作品產生於南宋覆滅之前，其作者顯然不是南宋遺民，也無須緬懷前朝。這樣的作品有周淙《臨安志》、吳自牧《夢粱錄》、潛說友《咸淳臨安志》、耐得翁《都城紀勝》及西湖老人《西湖老人繁勝錄》等。這些當世人寫當世事的筆記類作品，依稀是近現代城市導覽指南之雛形。只是當時尚未有二十世紀機械複製的大眾類文化，這些作品往往只能是士大夫階層的自娛自樂。及至周密《武林舊事》，又恢復移民憑弔故國的傳統。到了明朝，田汝成之《西湖遊覽志》記載西湖名勝掌故，歷代詩人題詠，既是地方誌也是文學作品。其《西湖遊覽志餘》則多記錄遺聞軼事，成為明末小說家的故事素材。[3]

清末丁丙的《武林坊巷志》徵集文獻超過1,600種，成書五十三冊，煌煌大觀，是中國歷史上最大的一部都市志。[4] 其一重要特點是只記錄杭州城內的事物，城門之外的西湖直接略過。這事實上反映了杭州在辛亥革命之前的空間格局，即雖然杭州以西湖名滿天下，但西湖並不是杭州城市的一部分。辛亥革命軍興，民國新政府採取一系列舉措如廢除旗營，逐步拆除城牆。其結果是西湖從此在空間上正式融入杭州城市。[5] 與此同

3　黃立振，《八百種古典文學著作介紹》（鄭州：中州書畫社，1982），466-467。

4　陳橋驛，《中國都城辭典》（南昌：江西教育出版社，1999），1321。

5　傅舒蘭、西村幸夫，〈論杭州城湖一體城市形態的形成——從近代初期湖濱地區建設新市場計畫相關的歷史研究展開〉，《城市規劃》，第38卷第12期（2014），18-21。

時，杭州隨著運河運輸的式微，失去了其東南中國運輸大動脈的戰略作用，在工商文化發展上，都漸趨落後於臨近的新興國際城市上海。[6] 隨著1916年12月滬杭鐵路建成通車，滬杭兩地距離逐漸拉近，即大衛・哈威（David Harvey）所謂的現代性下的「時空壓縮「（time-space compression）。[7] 這種壓縮帶來杭州城市性質與功能的變化：杭州漸漸成為上海的「後花園」。在這一情況下，杭州城市介紹、旅遊指南這一類的書籍在二十世紀上半葉成為一種產業。本叢書收錄的幾種杭州導覽中，大多都可歸為此類。在此八本導覽中，三本（《杭州市指南》、《遊杭必攜》及《杭州導遊》）出版於二十世紀三十年代，即「南京十年」的中後期；四本（《遊覽杭州西湖新導》、《杭州名勝導遊》、《杭州市民手冊》及《杭州通覽》）出版於抗日戰爭以後，國共內戰時期；一本（《杭州導遊》）出版於中華人民共和國時期。

《杭州市指南》出版於民國二十三年，紹興人張光釗編撰。張光釗擅長地圖繪製，早年曾製作出版紹興縣全圖。[8] 後在杭州工作期間出版《最近實測杭州市街

6　Liping Wang, "Tourism and Spatial Change in Hangzhou, 1911-1927," in *Remaking the Chinese City: Modernity and National Identity, 1900-1950,* ed., Joseph W. Esherick (Honolulu: University of Hawai'i Press, 2002), 112-113.

7　David Harvey, *The Condition of Postmodernity: An Enquiry into the Origins of Cultural Change* (Hoboken, NJ: Wiley-Blackwell, 1991), 260.

8　朱仲華、王保良，〈袍瀆敬敷小學和王聲初先生〉，中國人民政治協商會議浙江省紹興縣委員會文史資料研究委員會，《紹興文史資料選輯》，第1輯（1983），159-162。

圖》、《杭州古舊地圖集》。從本書張彭年序言得知，張光釗地圖作品應用廣泛，當時杭州各個機關單位無一例外在使用其實測地圖。張靜江主政浙江時舉辦「西湖博覽會」，也是由張負責繪製關於杭州市的圖表。由此，《杭州市指南》有兩大特點，第一，因作者測繪、工程方面的專長，此書有一種卓爾不群的嚴謹科學態度，不同於傳統杭城指南，多聚焦於風景名勝、文人雅興。如解釋錢塘潮時，作者不吝筆墨，解釋日月天體引力，並附上物理公式。第二，由於作者長期為政府服務，此書行文頗有半官方意味。其中〈未來之杭州〉一節，滔滔不絕將杭城未來規劃，如工業區、大港口計畫及旅遊事業一一展現給讀者。考慮到此書出版的民國二十三年，正是南京十年的黃金時代，因此筆調有著時代特有的意氣風發。如作者展望杭州之未來：「工商業之發展，一日千里，其必成為東方第一大市場，而超過今日之上海者，固可操券而預卜也。」在這個意義上來說，《杭州市指南》不僅僅是一本介紹杭州衣食住行各方面的指南，也是國民黨政府政治宣傳的工具。

《遊杭必攜》與《杭州市指南》同年出版，張光釗亦是其繪圖者，但是兩書反差極大。前者為83頁小冊子，而後者近400頁，因此內容極為繁複。後者的對象讀者比較廣泛，既包括遊客也包括本地居民。《遊杭必攜》則目的明確：「進香及遊子謀便利之圖」。由此可見，杭州歷史上作為東南一帶宗教朝聖中心的地位並

未因現代化進程而喪失。[9] 除了介紹西湖周邊及杭州的寺廟宮觀及其他與進香有關的機構，如素菜館及宗教性旅社外，《遊杭必攜》也提供不少景點的介紹，因此仍能看作一本旅遊指南，蓋宗教旅行原本就是杭州旅遊重要一部分。

《杭州導游》出版於戰雲密佈的民國二十六年，中日戰爭一觸即發。作者趙君豪係著名報人，《旅行雜誌》主編。其作品《中國近代之報業》為中國近代新聞史經典作品。《杭州導遊》由上海中國旅行社出版，其目的性不言而喻。事實上《杭州導遊》為中國旅行社民國十八年《西子湖》的再版。但是改名《杭州導遊》使其功能更為明確，即不再「偏於文藝」，而「切於實用」。因其是旅行社專業導遊書籍，所以作者為讀者與遊客安排多種旅遊行程，如西湖一日、三日、七日遊及自杭州出發的東南遊。這些安排多多少少為以後其他出版物沿襲。同時將杭州遊覽的一些旅遊服務明碼標價，比如登載完整的西湖遊艇價目表。

民國三十五年出版的《遊覽杭州西湖新導》出版商為在古舊書出版行業頗有名望的宋經樓書店。戰時，宋經樓因其主人韓學川聰明勤奮，對於古籍版本很有認識，所以古書生意頗隆。日本投降之後，韓學川感覺舊書生意風光不再，於是積極轉型業務，最後成為醫藥書

---

9 汪利平認為傳統上杭州的宗教朝聖是連結帝國與民間信仰的場域，也是促進地方商業發展的一個重要因素。見 Liping Wang, "Paradise for Sale: Urban Space and Tourism in the Social Transformation of Hangzhou, 1589-1937," Ph. D Dissertation (University of California, San Diego, 1997), 15.

籍一大出版商。[10] 因此《遊覽杭州西湖新導》一書的出版，可以看成宋經樓在戰後初期積極轉換經營方式的一種嘗試。而此書一年內三版，可見生意不惡。從內容上看，《遊覽杭州西湖新導》創新不多，無非是將一些景點介紹，旅遊資訊再次登載。此時國共內戰尚未全面展開，經濟形式沒有完全惡化，因此其作者仍對杭州進一步發展抱樂觀態度，聲稱杭州「漸有成為國際市之趨勢」。

　　民國三十六年出版之《杭州名勝導遊》極有特色，因其是本叢書唯一收入的中英文雙語旅遊指南。其作者邢心廣稱自己在杭州大學教課之餘，「恣情於山巔水涯」。且認為杭州已成為「國際花園都市」，因此為在國際上推廣杭州旅遊事業之計，特用中英文寫就此書。由於為了照顧海外遊客，作者力求文字簡單，圖文並茂。所以此書是所有導覽中文字最簡略的一本。其也有杭州旅遊不同的排程，但是交通工具相較戰前更為豐富，有舟游、汽車遊、輿遊。書後附上的廣告亦是中英文雙語。

　　同年出版的《杭州市民手冊》，顧名思義並非旅遊指南，而是一本杭州本地居民日常生活常備工具書。其中各類統計表及政府、行政、工商、法律等資訊匯總非常實用。而此書的作者之一李乃文又是本叢書另一本旅遊指南《杭州通覽》的作者，因此二者內容很多重

---

10 杭州市政協文史資料委員會編，《杭州文史資料・第 27 輯・湖上拾遺》（杭州：杭州出版社，2007），191。

複。但是民國三十七年出版的《杭州通覽》性質與《杭州市民手冊》不同，是一本為外地遊客，特別是上海遊客準備的旅遊書。從此書可以瞭解，雖然當時內戰正酣，前途未卜，但是上海市民對於杭州旅遊的興趣不減。正如作者所言，「上海人一車一車地擠到杭州來」。以上三本導覽，當時均有良好銷售記錄。民國三十六年出版的《杭州遊覽手冊》曾記載，這三本「各書坊間多有售賣」。[11] 可見旅遊業並未太受時局影響。

　　1954年出版的《杭州導遊》是叢書內唯一一本中華人民共和國建國以後出版的指南，因此顯得格外與眾不同。其主旨是共產黨政府當時常見的「人民西湖」的論調，即西湖及其他杭州景觀終於從剝削階級的銷金窩，回到人民手中，成為「全國勞動人民和全世界和平勞動人民遊覽、休養、療養的樂園」。因此在介紹杭州景區時，除了介紹傳統的一些景點，加上了「新中國」特有的如中蘇友誼館、工人文化宮、工人療養院等新設施。哪怕是介紹風塵女子蘇小小之墓時，也必須強調女性在「封建社會」遭受的凌辱，以彰顯「新社會」的優越性。

　　本叢書收錄的八本導覽指南類書籍，雖跨越三個歷史時期，側重點略有不同，但是仍可以總結出幾條共同特點。其一，從民國二十年左右開始，隨著城牆逐漸被拆除，城湖一體已是共識，不會出現《武林坊

---

11 葉華棻，《杭州遊覽手冊》（上海：中華基督教青年會，1947），53。

巷志》這種將西湖摒除在城市之外的寫作方式。葉凱蒂（Catherine Yeh）在談論上海晚清的一些城市指南時認為，這些出版物的一個重要議程就是試圖給予讀者一個印象：儘管上海行政區劃支離破碎，但是城市本身日趨成為一個有機的「整合的整體」（integrated whole）。[12] 而經過二十年的改造，無論作者還是讀者對於西湖與杭州城市作為「整合的整體」這一觀念已經牢不可破。其二，在這個整體之內，一些景點，如西湖十景、八景、二十四景等，或在舊時地方誌、都市志記載，或通過口口相傳，已經成為公認的場所，無須解釋。從這個意義上來說，這些指南類書籍成為傳統杭州與現代杭州兩個維度的結點。其三，大多數作者從事新聞或出版行業，如《杭州導遊（1937）》之趙君豪、《遊覽杭州西湖新導》之韓學川、《杭州市民手冊》之唐錫疇、《杭州導遊（1954）》之烏鵬廷等。這與上海的情況類似。正如Peter Fritzsche 研究柏林所指出的，城市具有兩個形態，即作為地方（place）以及作為文字（text），而這兩個形態互相定義。其中文字城市（word city）大多是報刊。[13] 叢書收錄的八本指南大抵也是這個情況，報人出版商承擔著將杭州文字化的工作，並進一步從地理上、文化上、歷史上定義杭州。

其四，杭州與上海的緊密聯繫得到廣泛認可。自

---

12 Catherine Yeh, *Shanghai Love: Courtesans, Intellectuals, and Entertainment Culture, 1850-1910* (Seattle, WA: University of Washington Press, 2006), 320.

13 Peter Fritzsche, *Reading Berlin, 1900* (Cambridge, MA: Harvard University Press, 1998), 1.

從滬杭鐵路開通以來，杭州成為上海居民以及落地上海的外國遊客的主要旅遊目的地。不難理解，不僅大多數此類指南類書籍讀者來自上海，而且不少出版於上海（如本叢書的《杭州導遊（1937）》、《杭州市民手冊》與《杭州通覽》）。其中《杭州通覽》一小半廣告乃是上海工商金融企業。回顧杭州導覽類出版物的歷史，最早一本可能是徐珂的《增訂西湖遊覽指南》（1918），本身便是上海商務印書館的出版物。所以滬杭雙城記的故事在這些出版物中表現得淋漓盡致。其五，這些書籍的出版得到杭州工商業襄助甚多，幾乎每一部都有相當篇幅的廣告。《杭州通覽》區區151頁的小冊子居然有35頁廣告，商品經濟之滲透，可見一斑。

杭州自1910年代開始出現如《增訂西湖遊覽指南》之類的指南類書籍，[14] 一百年來這樣的出版物汗牛充棟，不可勝數。本叢書提供的八本，也只能管中窺豹。這些出版物不僅僅為外地旅客與本地居民提供生活便利，更是一種對於杭州在各個歷史時期身分地位的一種書面表述與對於未來的願景，此即是「城市即文本」（city as text）的題中之義。

---

14 傅舒蘭、西村幸夫，〈論杭州城湖一體城市形態的形成〉，22。

編輯凡例

一、 本套叢書收錄近現代中國各地城市指南、市民手
冊、工商手冊等，由中央研究院近代史研究所城
市史研究群徵集、輸入，本社校對並重新排版，
如有錯誤，概由本社負責。

二、 本書儘量採用原徵集各書之文字，不以現行通用
字取代古字、罕用字、簡字等。惟原徵集各書多
數並無標點，或有句無讀，本版另加現行標點符
號，以方便閱讀。

三、 原徵集各書書內廣告頁，為不影響閱讀流暢，集
中於各書之末。書中因印刷不清楚或無法辨識之
文字，以■標示。缺頁、缺圖等則以〔 〕加註。

四、 以上若有未盡之處，敬祈方家指正。

目錄

中國近代歷史城市指南

City Guidebooks of Modern China

Hangzhou Section

杭州篇

杭州通覽（1948）

杭州通覽

正中書局總經售　中國文化出版社印行

杭州全圖

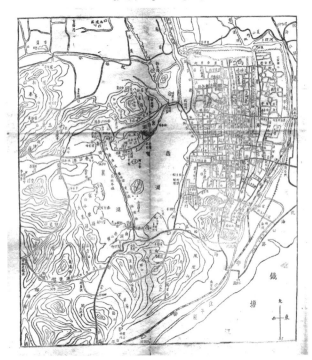

杭市的沿革

杭市的沿革

　　杭州以西湖著稱，聞名遐邇。自改市治以來，經當局經營擘劃，益見繁榮；人烟稠密，市容煥發，驟成為東南大都市之一。其地因有湖山為點綴，歷代以來，旖旎風光，久聞全國。惟自淪陷後，敵偽不事建設，且破壞頗多，光復後復經當局從事修葺及建設，刻已漸復舊觀。

　　杭州在歷史上之地位，以吳越武肅王錢鏐，及南宋高宗之建都，向為史家所重視。其名稱之變易，則代有不同。追溯既往，當如左紀：

夏——考之禹貢，杭州屬於揚州之城。故最初稱為禹杭及餘杭。

周——春秋時，越之領土包括杭州在內。越王勾踐以會稽為都，乃杭州之鄰區也。戰國時屬楚。

秦——以杭州建縣治，名為錢唐。亦有稱餘杭者。

漢——西漢循秦制稱錢唐縣，後漢廢縣治，歸併入餘杭。

唐——唐以唐為國號，改唐為塘故稱錢塘。五代梁置為仁和縣。

宋——自高宗南渡，建為國都，稱臨安。

元——改為杭州。

明——稱杭州府。

清——沿用明制，定杭州為浙江省會，稱杭州府。以仁和錢塘二縣，及富陽、孝豐、餘杭、臨安、於潛、昌化、海寧諸縣屬之。

民國 —— 廢府，併二縣改稱杭縣，仍為省治。十五年
　　　　夏改稱杭州市。

　　五代吳越王錢鏐，對於古代之杭州建設，為功殊
鉅。其最著者厥為修築海塘，堤長百里，堵障錢塘江
水，俾海潮無浸蝕土地之虞。從此杭州之土地，得以日
益向江岸拓展：而另一方面則使滷城之地，盡變為膏腴
之田。故錢鏐之為杭州民生建設，至今為人所稱道也。
　　宋室南渡，以杭州建為國都，踵事增華，益見鼎
盛。其時大興土木，宮室寺廟建築宏偉，繁盛達於極
點。西湖景色，至此乃益見華麗。
　　自元、明以迄清，杭州仍保持其固有之繁華，西
湖佳勝，視為人間樂園，譽滿中外。清以杭州定為浙江
省會，為杭州府，改稱為杭縣，並以仁和錢塘二縣一併
劃入，仍為浙江省治。十六年國軍底定浙江後，於五月
間劃城區及近郭為市區，鄉區仍置杭縣，市府成立後即
擴大組織，努力建設，市政乃日臻發達，形成游覽勝
區。自二十六年迄勝利止，經敵偽摧殘甚烈，但經光復
當局之努力經營，刻又成為春游之勝地矣。

湖山近貌

　　杭州西湖，名聞中外，有東方瑞士之稱。在唐以
前尚不著名，自李泌鑿通湖流，白居易蘇軾相繼出守是
土，築以二長堤後，成為騷人，墨客，高僧，名妓等寄
跡之所，宋高宗南渡，都於臨安（杭州），西湖之笙歌

金粉，盛於全國；清高宗先後臨遊，名益大著。

　　西湖初名錢塘湖，因湖中時見金牛，謂為明聖之瑞，故又有明聖湖金牛湖之稱，唐白居易作石涵以洩湖水，因稱石涵湖。其水東北輸者，時人以為下湖，因有上湖之稱。宋王欽若以全湖為放生池，又稱為放生湖。蘇軾作堤分湖為二，遂稱為裏湖外湖。東坡有「若把西湖比西子」句，又有西子湖之稱。宋高宗南渡，西湖歌舞，盛極一時，又有「銷金鍋」之稱。明孫一元本李白與尚書郎張渭泛嶺川南湖，因改郎官湖故事，故有高十湖之稱，古樂府「西陵松柏下」之謂，即指錢塘西湖，史達祖又有「船向西陵佳處放」之句，因有西陵之稱，或西陵，歷來名稱雖不一，惟西湖在城西，通稱為西湖。

　　湖周三十餘里，面積約十六方里，三面環山，一面臨市，谿谷縷注，有淵泉百道，瀦而為湖。中有孤山，山前為外湖，後為後湖，西互蘇堤，堤內為裏湖。湖水甚淺，積泥甚厚，俗有稱香灰泥。

　　西湖諸山，遠自仙霞，近自天目天門飛舞而來。聳峙於西，是謂天竺。自此蜿蜒而東而南，為龍井，理安，南，烟霞，大慈，玉岑，靈石，南屏，龍吟，鳳凰，吳，總稱南山，自天竺而北，為靈隱，北高，仙姑，棲霞，寶雲，寶石，總稱北山。兩山分峙，中抱西湖，層巒疊嶂，奇峯怪石，洞壑流泉，溪澗竹樹，多在西南隅；西北接西溪，東南與江干諸山脈相接，陟登吳山高峯，則錢塘江與西湖，杭市形勢，一覽無遺，形勢

壯麗，為東南一大都會也。

西湖名勝

　　西湖名勝，屈指難數，如西湖十景，錢塘八景，二十四景等景目，歷代流傳，最為著名。西湖十景卽（一）蘇堤春曉，（二）柳浪聞鶯，（三）花港觀魚，（四）曲院風荷，（五）雙峯插雲，（六）雷峯西照，（七）三潭印月，（八）平湖秋月，（九）南屏晚鐘，（十）斷橋殘雪，等是。錢塘八景係（一）六橋烟柳，（二）九里雲松，（三）靈石樵歌，（四）孤山霽雪，（五）北關夜市，（六）葛嶺朝暾，（七）浙江秋濤，（八）冷泉猿嘯等是。二十四景謂（一）湖山春社，（二）玉帶晴虹，（三）吳山大觀，（四）梅林歸鶴，（五）湖心平眺，（六）寶石鳳臺，（七）焦溪鳴琴，（八）玉泉魚躍，（九）鳳龍松濤，（十）天竺香市，（十一）韜光觀海，（十二）雲棲梵徑，（十三）西溪探梅，（十四）小有天園，（十五）漪園（十六）留餘山居，（十七）篁洢卷阿，（十八）吟香別墅，（十九）瑞石古洞，（二十）黃蘆積翠，（二一）香臺普現，（二二）澄海樓，（二三）六和塔，（二四）述古堂等是。

交通概況

交通概況

交通概況杭州為吾國東南都會之一，接近滬市，其地位甚臻重要。鉄路有滬杭路通至上海，浙贛路通至江西。公路有杭紹、杭長、杭平、杭富，杭餘、杭海六綫六路，環通紹興長興平湖富陽餘杭海寧各縣。航路有錢江、運河，苕溪之分佈，溯錢江而上，可達桐盧蘭谿，循苕溪而下，可達餘杭、湖州、沿運河北上，可達蘇州，上海。

市內有五十四公里餘之馬路，市內交通工具公共汽車客車五十輛，自備車客車六七輛，貨車一四六輛，營業車客車八六輛，貨車一六四輛。市內民用脚踏車六四八〇輛，營業用五〇五輛，人力車自備者七四七輛，營業者三七一一輛，三輪車七六輛，營業用五〇〇輛。

關於水上交通，在錢塘江行駛小火輪十三艘。民船在錢塘江開行者自一九〇〇至三〇〇〇艘，在運河內開行者自一四一五至一六〇〇艘。錢江渡船小火輪四艘，拖船十六艘。西湖中遊船自用遊艇七一艘，營業用遊船經登記者達五〇〇艘。

杭州城區範圍，東西長二・五公里，南北長五・三公里，城區週長為一五・八公里。市區東西長三二・八公里，南北長二〇・五公里，市區週長一〇一公里。依據吳淞標高，城區大部份地面高度一〇・〇，如天竺山最高度為四一〇・〇，最低如上河底為〇・四。

杭市所轄各區重要街市名稱

區別	區公所地址	重要街市
第一區	會館河下	中山南路、中山中路、望江門直街、河坊街、會館河下、佑聖觀路、板兒巷、羊市街、竹齋街、后市街、勞動路、膺白路、三橋址直街、湧金門直街、清泰街、城站、城隍山。
第二區	西浣紗路	清泰街、開元街、大學路、東街路、民權路、民生路、中山中路、青年路、惠興路、浣紗路、延齡路、湖濱路、英士街、學士路、長生路、法院路、慶春路。
第三區	忠清巷	慶春路、刀茅巷、東街路、寶善橋、東清巷、福清巷、竹竿巷、孩兒巷、武林路、環城西路、聖塘路、法院前、寶極觀巷、百井坊巷、貢院前、體育場路、長慶街、小福清巷、中山北路。
第四區	岳坟	昭慶寺、松木場、裏西湖、外西湖、岳坟、玉泉、靈隱、上中天竺、蘇堤、四眼井、茅家埠、淨寺、萬松嶺。
第五區	南星橋	梵村、徐村、梅家塢，虎跑、玉皇山、閘口、南星橋、第一、二、三、四、五堡、望江門外、清泰門外。
第六區	艮山門	河埠上、迴龍橋、下菩薩、枸桔美、將軍殿、太平門、王家井、金家園、新塘鎮、彭埠鎮、白石鎮、五堰廟、四堡、五堡、七堡、新禾豐。
第七區	筧橋	筧橋、汪家兜、阮家村、朱家橋、東新街、宣家埠、永康廟、俞家潭機場。
第八區	拱宸橋	武林門、半道紅、馬塍橋、朝清寺、大夫坊大關、左家橋、湖墅、拱宸橋、瓜山、王家村、胡家門、茶湯橋。

新舊路名對照

（一） 錢塘路、西大街改為武林路（自陸軍監獄起，經西大街至武林門止）。

（二） 環城西路改為西城路，（自錢塘路口起，經環城西路至武林門止）。

（三） 體育場路改為體育街（自東街路口起，經寶善橋，體育場路，洗馬橋至西大街止）。

（四） 清波門直街改為清波街（自膺白路口起，經清波門直街至塔兒頭止）。

（五）　裏龍舌嘴、塔兒頭、花牌樓，改為四宜路（自
　　　　竹齋街口起，經裏龍舌嘴、塔兒頭、花牌樓至
　　　　城隍山脚止）。

（六）　上板兒巷、中板兒巷、下板兒巷改為建國南路
　　　　（自望江門直街口起，經上、中、下板兒巷至
　　　　清泰街口止）。

（七）　東街路（南段）改為建國中路（自清泰街口起，
　　　　經東街路至慶春街止）。

（八）　東街路（北段）改為建國北路（自慶春街口起，
　　　　經東街路至艮山門止）。

（九）　華光巷、三橋址河下，安定巷，靈壽寺巷至開
　　　　元橋止）。

（十）　勞働路改為文廟路（自竹齋街口起，經勞働路
　　　　至湧金門直街止）。

（十一）　候潮門直街、雄鎮樓直街、車駕橋直街、羊
　　　　市街改為維揚路（自候潮門起，經候潮門直
　　　　街、雄鎮樓直街、車駕橋直街，上、下羊市
　　　　街至清泰街口止）。

（十二）　望江門直街、望仙橋直街改為望江街（自望
　　　　江門起至鼓樓止）。

（十三）　候潮門外直街、烏龍廟前、南星橋直街攺為
　　　　候潮路（自中山南路口起，經南星橋直街至
　　　　候潮門止）。

（十四）　梁家橋直街、外龍舌嘴、洋泮橋塘上、海月
　　　　橋塘上、花牌樓、紅廟街、化仙橋塘上改為
　　　　復興街（自中山南路口起，經梁家橋直街、

外龍舌嘴、沿塘路直至閘口電廠止）。

生活在杭州

「穿」的花樣「人要衣裝，佛要金裝」，在一個城市中，無論你擁資億萬元，若是鶉衣百結，一身襤褸，人家也會把你當個乞丐看。假如你西裝筆挺，皮鞋雪亮，雖然袋中沒有一個錢，叫化子也會不遠千里地跟你求乞，「少爺先生」地向你亂叫，黃包車夫三輪車夫也會趕着問你，「先生、先生」地巴不得坐他的車子。這就是叫做賣相，大都說賣相何如何好，普通就是指穿得如何如何而言，故在大城市跑跑，實在不可不注意「穿」這一門。

依市價來說，你要有個不算壞的全副「賣相」價錢確實驚人！丈夫配備齊全了，太太也不至於落後，於是、祺袍、絨線衣、短大衣、長大衣、絲襪……乖乖，五花八門，行頭多得木佬佬，毛皮大衣也有四五件，今天豹皮，明天黃狼，後天又是灰背，周而復始，花樣翻新，這筆賬，無論如何是算不清了。單說普通點吧，太太們一年就得做兩件大衣，今年袖子大了，明年肩膀高了，後年袖子又小了，再一年說重穿短的了，在「時新」的輪子下，許多的衣服做了又拋，拋了又做，養活了一班時裝專家，更養肥了衣櫥中的蛀虫。

自然並不是個個都有如此豪闊的，一襲半新舊大衣西裝，地攤上也可以對折價購得到的，這不過是些愛面子的窮棍所做的事了。所以考究質量，多翻行頭，是

有錢階級的事，薪水階級，是從來沒有跑進裁縫店的勇氣的。

　　社會上往往充滿着不公平，秋風緊了，有的人「九月衣裳未剪裁」，有的人却把衣服在喂蛀虫，一方面擁着皮裘還喊冷呢！

　　杭州的衣裝店窒息着，他們繁華的時候過去了，時裝店打擊了他們，地攤也佔去他們的生意，唯一相同的是，衣着，仍舊作為一種貧富的天平秤，只有櫥窗中的模特兒微笑着、永遠微笑着，向你歡笑，迎笑，冷笑或譏笑……

「吃」的門檻

　　中國人「吃」這一門，非常講究，杭州的吃雖然比上海不如，但五花八門，不遜於滬上，不信嗎？有一個杭鉄頭曾翹起大姆指對上海人說：「我們杭州的醋溜魚，的確與別處不同，吃好之後，一杯龍井新茶，憑欄閒眺西子湖，這真是多麼瀟洒清靜的事，無怪乎上海人一車一車地擠到杭州來」他不勝羨慕地嘆口氣，恨不得在杭州住他一輩子。杭州的菜大致可分中菜、西菜兩種，但西菜業因往顧者無多，凋敝不堪，中菜則生意興隆，盛宴常開。普通因經營性質可分酒菜館、素菜館、清真館、飯館、酒店、麵店、點心店、及茶室。經營地域性質菜如川菜、粵菜、平菜等，惟食客寥寥無幾，故在此只好從略，現以經營性質的不同來約略詠談。

酒菜館：規模宏大或口味馳名的有樓外樓、杏花
　　　　村、多益處、高長興、天香樓、聚豐園、
　　　　三義樓等。

素菜館：素香齋、功德林等。

清眞館：春華館等。

飯　館：王潤興、德陞館等。

酒　店：碧梧軒等。

點心店：知味觀、五香齋、陶陶餐室等。

麵　店：奎元館、老聚勝、聚水館等。

茶　室：望湖樓、雅園、喜雨台等。

　　其中如樓外樓的醋溜魚，王潤興的魚頭豆腐，陶陶餐室的經濟小吃，都是很有名的，又老聚勝、聚水館之麵點，烹調特別講究，在麵業中確具悠久歷史，奎元館之寧式大麵，品盾高尚，亦爲遊杭人士所讚美。

　　吃的門檻，除入味外，尚須顧到經濟實惠，蓋一日三餐，天天如此，日積月累，數殊可觀，設非腰中麥克麥克，則不得不打打算盤也，普通用膳，以「客飯」爲最經濟，一菜一湯，飯兩碗，所費雖小，已足夠果腹。一般飯菜館，統以客飯爲主要營業對象，較大之菜館，亦有設客飯專座，以招徠顧客。

　　杭州西菜館除冠生園，西園外，尚有中西兼營的蝶來飯店等，惟烹調中西兼顧，頗合國人胃口，概稱「歐美大菜」。茲將一二小節，略予提談，聊供初試者之一助。西餐主位必居中外向，最近主人右手者爲首座，近左手者次之，依次類推，面向主人者爲末座。將

吃時，先將白布一方平舖膝上。吃畢一色，須把刀叉安放盆中，僕歐撤去後，再行另換，每菜均屬如是。吃湯時應左手按盆，右手用匙，吃畢將匙仰置盆右。若吃炸魚炸肉之類，可以左手先將魚或肉用叉叉住，右手用刀割切，迨切碎後始用叉叉食，刀切忌入口，叉盆不宜碰擊發聲。吃麵包須割開後，用刀挑白楊或果醬塗後方食。

「住」的問題

最使旅客們感覺得麻煩的問題，應該首推住的問題了，杭州的房荒是一年比一年嚴重，因此旅館亦無增多，一到香汛，許多遊客都聚集到杭州來，結果弄得握了鈔票去開旅館，還要打恭作揖陪笑臉，曾經有一對上海新夫婦到杭州來度蜜日，找不到旅館，結果在湖濱公園瑟瑟地淋了一夜露水，而且幾遭警察干涉，所以到杭州來的遊客，有親戚朋友家住最好，沒有的話，這裏告訴你一點解決「住」的方法。

到杭州來的人大都要逛逛西湖，所以當你跳下火車時，看到那些櫛比鱗次應時而設的旅館大可不必動心，因為城站的旅館是給那些僕僕風塵的商賈住的，以便趕搭火車，所以有幾家大旅社會從湖濱派了「招待員」到車站船埠來「接客」，這樣，你只要安心地選擇了旅館跟他們走就是。

現在，先將杭市旅館的情形作個簡略的介紹：杭州這種店約在一百家左右，可分數種：特等的建築壯

麗，設備亦佳，裏面附設餐廳，禮堂，以及彈子房，理髮室，洗澡間等等，可說是應有盡有的了。稍次為甲等，乙等旅館，雖不富麗，但規模相當大，設備亦清潔完善，適於普通旅客居住，再次則佈置簡陋，被褥污垢，且居客階級複雜，祇足供販夫走卒，小本單幫之休息而用。

有名的如環湖旅館，中湖旅館，滄洲飯店，清泰第二旅館，金城飯店，大華飯店，中央旅館等，較遠而風景秀麗的有新新旅館，西冷飯店，蝶來飯店，葛嶺飯店，此外還有一所青年館，為一寄宿舍，房價不昂，尚稱清靜，旅客大多為學生。

房金一項，大體由同業公會規定，依設備等級為標準。出門人應依旅費為標準，住甲等或乙等，既合算，且清靜，房金與丙等相較，亦所貴無幾。不過「旅館荒」的春秋二季，最好先託杭州友人預先訂定，免得臨時碰壁，做「黃瓜兒」也。

最後，須交代明白的，特等甲等及乙等旅館，大都集中於湖濱新市場一帶，要是你便道杭州，即須趕路的，那末最好在城站找個較好旅館，因其與車站臨近，搭乘便捷，免得由新市場遙遙趕來。倘來杭遊覽或須再乘公路車者，則以居住湖濱新市場較佳，因為精華皆集於此，購物訪友，觀光市容，比較方便得多，此外江干尚有許多乙等以下之旅館，宿店，是專供上江來的旅客居住的。

茲將各上等旅館，擇要介紹於後，以便旅客選擇：

名稱	地址	電話
西冷飯店	裏西湖	一一三〇
蝶來飯店	岳坟路	一六三八
新新旅館	裏西湖	一二〇八
葛嶺飯店	裏西湖	
大華飯店	湖濱路	一七一〇
杭州飯店	湖濱路	一二三六
環湖旅館	湖濱路	一六六七
中湖旅館	湖濱路	一九二五
崇英公寓	湖濱路	一六三一
滄洲飯店	英士街口	
清泰第二旅館	仁和路	二一七六
金城飯店	延齡路	一二四五
大陸飯店	延齡路	二〇八〇
興華公寓	延齡路	一五二九
新泰旅館	延齡路	一七六九
中央旅館	延齡路	一九七五
大同旅館	延齡路	二一七七
大中華飯店	教仁街	一三五五
江蘇旅館	教仁街	
外賓招待所	聖塘路	一二〇八
勵志社招待所	外西湖孤山路	

「行」的訣竅

　　人生有四大需要而不能少其一的，就是「衣食住行」，一般看來，「行」並不十分重要，但到杭州，這個「行」字却大有講究哩，因為一個都市，人烟稠密，擁擠異常，地域遼闊，相距過遠，則往返需時，加之新路名、舊路名、或者門牌脱落，或者路名相同：或者……使人頭痛，如欲節省時間精力，用車代步，然則乘公共汽車又須熟悉路徑，尤以汽車行駛路線有限，而市區亦無用武之地，人力車四平八穩，太慢，三輪車一個人坐不合算，一不小心，旅行袋不翼而飛，所以這個「行」字，實在是個問題，茲就所知，聊供芻蕘，以備

旅杭人士作一參考。

　　杭州中心區在新市場，官巷口一帶，車輛擁擠，故而行路須特別注意，餘外如清泰街口之「丁」字路與鹽橋、及竹齋街河坊街之十字路口，必須留意，因上述幾條街太狹，容易肇事，穿過馬路時，必須注意紅綠燈或崗警指揮，紅燈則車輛停止，綠燈通行，非必須穿越馬路時，應在人行道上靠右行走，在熱鬧之處，切勿閒眺站立，妨礙他人行路。

　　現在再說所乘車輪的選擇，最多的是人力車及三輪車，人力車以價格較廉，尤適於獨自乘坐，可補坐公共汽車之不足，例如小街小巷，或者人地生疏，你只要告訴他一個地名，就會結你載到目的地，所以杭州的人力車，自有他們的天下，假使你另外還有一個朋友的話，最好坐三輪車，比人力車還合算，如有四五個人在一起，尤其要見見西子風光的，則莫如僱一輛出差汽車，既舒適又便捷，所費亦屬有限，總之，一切須見機而動，纔不至弄得窮於應付。

　　餘外，尚有公共汽車，可以稱為杭州的大動脈，幾條大街都有公共汽車的開行，但你最基本條件，必須要知道各車的起訖處和所經的路線，始不致盲人瞎馬，胡跑亂闖，公共汽車起訖處，均設有牌柱，藉以指引乘客。但搭乘公共汽車，必須遵守下列各項規則：（一）魚貫上車不得爭先恐後。（二）不得攀登車身或狹門處，（三）車上不得吸烟與涕吐。（四）車輛行動時，勿隨意上下，或將手臂伸出窗外，致遭危險。（五）不得與司機交談。（六）所攜物件以不妨害他人為原則。

　　搭坐公共汽車，因乘客衆多，擠擠一車，難免有不良份子夾雜其間，途中乘機被竊財物，尤以自來水筆、錶、價昂物小，為彼輩對象，「拋項宮」杭市因不得地利，未有發現，戴呢帽者尚可放心，如乘人力車三輪車，亦宜時刻留神，左右注意，同時坐車前，應將車上號碼認清，以便發生事故，有線索可尋。

　　若須遠行，搭乘火車，勢所難免，第一是買票，最好先日預訂，免得臨時排隊擁擠，杭市除了城站外，尚有城頭巷營業所及湖濱中國旅行社。如果沿浙贛線赴內地，則往太平洋旅行社接洽，可予十分便利。其次是座位問題，要免擁擠，應坐對號車。

杭州市公共汽車公司行車時刻表

路別	經過	開出時間		每班間隔時間
		頭班	末班	
一路	自湖濱起經官巷口薦橋佑聖觀巷至城站止	去程 7.00 回程 7.18	去程 20.30 回程 20.48	12 分 鐘
二路	自湖濱起經昭慶寺保俶塔葛嶺飯店市立中學（岳坟）玉泉山門至游泳池止	去程 7.00 回程 7.25	去程 19.30 回程 19.55	暫 停 駛
三路	自湖濱起經官巷口金錢巷葵巷口菜市橋至寶善橋止	去程 7.00 回程 7.22	去程 20.30 回程 20.52	9 分 鐘
四路	自湖濱起經湧金門清波門汪莊口赤山埠四眼井虎跑寺錢江大橋六和塔之江大學九溪梵村至雲棲止	去程 7.00 回程 7.30	去程 18.30 回程 19.00	雲棲 5.30 九 溪 30
五路	自湖濱起經衆安橋浙江大學慶春門華家池石俶口下菩薩口下菩薩俶口至筧橋止	去程 7.00 回程 7.45	去程 18.40 回程 19.25	35 分 鐘
六路	自湖濱起經官巷口清河坊上倉橋鳳山門南星橋（三廊廟）美政橋海月橋電廠至閘口止	去程 7.00 回程 7.40 區 7.24	去程 20.00 區 20.30 回程 20.40 區 20.54	12 分 鐘 區 7 分鐘

湖濱總站　地址：英士街一〇四號　電話：一三八七號

總管理處　地址：長生路六三號　　電話：一五二五號

車　　場

修 車 廠　地址：膺白路錢王祠側　電話：二三二七號

杭州郵局三大貢獻

1 汽車郵局：

第一號		第二號	
經停地點	營業時間	經停地點	營業時間
慶春路浙江大學	上午 9.10 至 9.30	清波門	上午 9.15 至 9.40
貢院前杭州高中	9.45 至 10.15	鬧市口	9.45 至 10.10
天水橋	10.25 至 10.45	銅元路建國中學	10.20 至 10.40
武林門	10.50 至 11.20	衆安橋東南日報	10.45 至 11.15
梅花碑省政府	11.45 至 12.15 下午 5.00 至 5.30	民生路考銓處	11.30 至 12.00
裏西湖浙贛鐵路	1.55 至 2.15	汪莊新羣高中	下午 2.05 至 2.25
裏西湖監察使署	2.17 至 2.40	淨慈寺青職班	2.28 至 2.50
岳墳市中	2.45 至 3.05	虎跑大陸測校	3.00 至 3.20
中山公園藝專	3.10 至 3.35	六和塔之江大學	3.30 至 4.00
將軍路省訓團	3.55 至 4.15	竹齋街杭初	4.25 至 4.50
膺白路杭師	4.20 至 4.50	上倉橋保安司令部	5.00 至 5.30

功能　（1）出售郵票印花稅票

　　　（2）收寄掛快航空及報值掛號郵件

　　　（3）開發匯票

　　　（4）收寄包裹小包圖包

　　　（5）附設電信營業處

2 郵亭：

　　　　　車站郵亭——通宵服務

　　　　　湖濱公園郵亭
　　　　　平湖秋月郵亭　│　上午八時半至十二時
　　　　　浙江大學郵亭　│　下午二時至六時
　　　　　雲棲郵亭

功能　（1）出售郵票印花稅票

　　　（2）收寄掛快航空及報值掛號郵件

3 趕班信筒：

地點 （1）城站管理局（2）佑聖觀路口（3）聯橋

　　　（4）中國旅行社（5）市政府（6）迎紫路中

　　　（7）大方伯（8）豐樂橋（9）梅花碑

　　　（10）清河坊（11）忠清街（12）龍翔橋

功能 （1）上午十一點半前投入者可趕下午二時滬杭車

　　　（2）下午五時二十分投入者可趕六時廿五分滬杭車

　　　（3）上午十時五十分前投入者可趕十二時浙贛車

　　　（4）下午三時前投入者本埠信件當日可到

名勝介紹

三潭印月

柳浪聞鶯

蘇堤春曉

玉泉觀魚

平湖秋月

南屏晚鐘

斷橋殘雪

雙峯插雲

曲院風荷

雷峯夕照

湖濱公園

空谷傳聲

湖心遠眺

博覽會塔

浙江忠烈祠

秋瑾墓

六和塔　　　　　　　　虎跑泉

天　竺　　　　　　　　藝術院

蔣　莊　　　　　　　　汪　莊

初陽台　　　　　　　　三角亭

中山公園　　　　　龍　井

碧血丹心　　　　　月夜泛舟

陳英士銅像　　八十八師陣亡將士紀念塔

湖心亭　　　　　雲棲竹

杭州風景區

沿湖區

湖濱公園　在新市場瀕湖，計有公園六。沿湖設欄。中植花。夏季納涼，多集於此。

湧金門外　湧金係北宋城門名，謂其地卽古金牛出現之所，新之為名。遊南山者，多假道於此，瀕西有問水亭，僅留舊址。附近有放廬，係杭人黃元秀別業：廬旁有味閒草堂。沿湖而西，北為亭子灣，有宋環碧園址，平沙淺草，延緣數百步，清為校閱之所，今為省立民眾教育館之公眾運動場。

澄廬　本為武進盛氏別業，現已收歸公有。蔣主席來杭皆於是處作行轅，其旁有味蓴湖舍及董氏別業，但董之別業今已改作大華飯店矣。

柳浪聞鶯　在錢王祠右。

錢王祠　在清波門北，祀吳王錢祠。近年重建，祠前有功德坊，俯臨湖岸。平堤垂楊披拂，萬緣中碧殿丹宮，掩映林表，景絕壯麗。

三潭印月　在湖心亭南，為十景之一。昔人謂三潭深不可測故建三塔鎮之。

湖心亭　居全湖中央，為明知府孫孟建；初名振鷺亭，清聖祖題曰「靜觀萬類」。旁有聯曰：「波湧湖光遠，山催水色深」。繞亭皆水，環水皆山，太虛一點，實踞全湖之勝。故「湖心平眺」亦為十景之一。

阮公墩　在湖心亭西北，清巡撫阮元開濬西湖，棄土於此，故名。地作圓形，惜無亭宇，僅荒樹數十株而已，民國二十年市政府乃撥為童子軍露營場所。

戚繼光紀念塔　原名西湖博覽會紀念塔，在正對中山公園之湖中。

蘇堤　宋元祐間，蘇軾守杭州，開濬西湖，即日其葑泥積湖中成一長堤，南自南屏，北接岳廟，綿互數里，因分西湖為裏外。舊夾道植柳，故有六橋煙柳之稱。

蘇堤春曉　得十景之首在壓堤橋南。昔人為謂西湖四時皆宜，就中以春曉謂最。

夕照寺　為吳越王建，初名顯嚴院，後改為夕照寺，雷峯塔院也。其旁雷峯之上有紅籟山房，為粵人李茂所建。

汪莊　在夕照之東，海上茶商汪氏別業。亭台樓閣，泉石池沼，佈置精緻。精室數楹，中藏有古琴。秋季菊花盛開，繽紛五色，爭奇鬥妍，尤嘖嘖於杭人士之

口也。

漪園　明末稱白雲庵，清雍正時，郡人汪獻琛重加修葺，改稱慈雲。中構亭榭，雜蒔卉木，治堤築橋，以通湖水。清高宗南巡於此，賜名漪園，園右有月下老人祠均集成句，甚典雅。

雷峯塔　遺址在淨慈寺前雷姓築庵居此，因名又稱中峯，回峯。吳越王妃黃氏建塔其上，名雷塔，亦名黃妃塔，或譌呼黃皮塔。民國十三年九月塔忽傾圮，發見經卷甚多。現惟磚土一堆，十景已缺其一。

淨慈寺　在南屏山麓，為後周時錢王宏俶所建，號慧日水明院。宋改為壽寧禪院，後改為淨慈報恩光孝禪寺。明凡兩燬兩建。清聖祖康熙三十八年南巡幸此，書淨慈寺額及西峯二字，發帑重修。門外有萬工池，以力役者人，故名。然實一小蓮塘耳。寺前有亭，中立「南屏晚鐘」碑。寺故有名，重建大殿，今已竣工，殿前有井曰雙井，宋僧法薰以杖扣地，出泉二道，甃以為井。羅漢殿後，有圓照井，亦名饅井。大殿之傍，有濟祖殿，中有神運井，相傳濟顛自此運本，供建寺之用，今餘木尚在井，遊人欲觀，須給僧以錢，乃縋燭導觀。

張蒼水祠　在南屏山麓太子灣前。祀明僉都御史張煌言。祠址甚廣，夾徑遍植杉檜，池榭種錯，山幽靜。

赤山埠　在蘇堤映波橋西南，地當赤山，下通小南湖，為遊南高、虎跑、龍井、煙霞、石屋等處必經之道；西為玉岑山，水曲為浴鵠灣，元張伯雨結廬於此，額曰黃篾。兩山間有惠因澗，有鐵窗櫺；澗水自窗櫺出折入西湖。有法雲寺，面玉岑，吳越王建，舊名惠因院。宋高麗國王子入貢，因從寺僧淨源學，故有高麗寺之稱。清乾隆二十二年賜名法雲講寺。山陰有筲箕泉，元時黃公望居此。

花港觀魚　在映波鎖瀾二橋間，為十景之一。有花木亭樹，可以小憩。

高莊　即紅櫟山莊，與花港觀魚毗連，為邑人高氏別墅。結構精雅，為湖下別墅最幽雅者。

劉莊　即水竹居，在秀隱橋西，為廣香山劉學詢所建，樓閣亭樹，極其宏麗，中有花竹安樂齋，面臨湖山，最得天趣。左為家祠，最後為其墳墓，係白石造成，一部份已闢為來賓館旅舍。

丁家山　古名一天山，為南高峯支脈，在金沙堤西南，與北岸棲霞相對。西沿麥嶺，三面無鄰，又名小孤山。臨湖植桃百餘，有桃源渡亭。長堤二十餘丈，左右有荷塘，稱藕波陌；其上即為西山公園。登山，綠竹漪漪，磴道十餘轉，凡二百餘級。登其巔，則錢江，蘇堤如帶；杭城如掌。西湖風景之佳，莫過於此。

茅家埠　在大麥嶺後，花家山下，為通天竺，龍井等處之要道，凡南山，龍井諸泉，及北山分流之水，皆自此入湖。有臥龍橋可通舟楫。

郭莊　在臥龍橋外，為清季邑人宋端甫建。今屬汾陽郭氏，故改稱郭莊。

曲院風荷　為十景之一，在跨虹橋西。宋麯院在金沙港西北，因其地多荷，故名麯院風荷。清聖祖南巡，改今名，後屬崇文書院。

岳王廟　在棲霞嶺下裏湖之岳湖北岸，祀宋少保岳忠武王。廟貌宏麗，為湖上諸祠冠，正殿奉王像，後殿供王父母像，旁配王夫婦，暨王女銀，壻張憲。五子五媳則在兩廡。廟右有亭，保存精忠柏化石數段，扣之作金石聲。西則為鄂王墳，墓門之外，過橋之小池，旁有井曰忠泉。墓木皆南向，有檜樹為雷火所劈，人以為秦檜分屍之像。明正德間指揮李隆鑄銅為秦檜，王氏万俟卨三像，反接跪露臺下，後有范淶復增以張俊；今皆易為鉄像。廟前有石坊，題曰「碧血丹心」附近多食肆果攤，宛成小市鎮。遊西湖者，輒至此拜謁焉。

李公祠　祠在岳墳附近徐達河頭。初祀李鴻章，名曰李公祠，現所祀者為李鴻章、帥承法、曾國藩、彭玉麟、劉典。楊潏也，現作昆蟲局址。對面有甬人盧鴻滄別業曰卍字草堂，依山而築，構造甚奇。

鳳林寺　俗稱喜鵲寺，在葛嶺西。唐鳥窠禪師道場。禪師名圓修，居此四十餘年，有大松盤屈如蓋，乃棲其上，明宣德間，僧如月重建，敕名鳳林寺。內有君子泉，寒冽而深，若方沼然。

秋女俠墓　在西西泠橋，女俠名瑾，紹興人，為清季革命女子，後因徐錫麟，株連受誣被誅，曾葬湖南，後改葬於此。

蘇小小墓　在西泠橋側。小小南齊時人，為錢塘名妓。

嚴莊　在葛嶺下瀕湖處，清為直隸總督楊士琦之別業，今歸嚴莊。近已租於杭關監署作署址矣。其旁有鏡湖廳，為杭市政府專門譙會而用者。

葛嶺山莊　在嚴莊之旁，為沈氏別業。

招賢寺　一名玉佛寺。元時燬，清季重建。旁有靜觀堂及顯功廟，市府大禮堂等。

秋水山莊　面對孤山，後依葛嶺，為史量才氏之別業。

瑪瑙寺　在葛嶺下，前有停鷹石，佛殿大鐘曰長鳴鐘。寺旁有閩人林氏之樂園及小雲寄廬，其下有菩提精舍，多子塔院，及吳興劉氏別業之孤雲草舍，項氏之春暉小築。瀕湖之抱青別墅，已改作葛嶺飯店。

智果寺　葛嶺之左，有參寥泉，江湖偉觀諸勝：下有毓秀庵。

白公祠　在路北，祀唐郡守白居易，並附祀唐絳州刺史樊宗師。考樊刺史與香山友善，生平雄於文，有縣州越王樓詩序，絳守居園池記，膾炙人口。自元迄清，浙東西先箋淺注樊刺史遺文以及品藻敍述者，有十一家之多。廿四年夏，蘇白二公祠宇均重建，為藝專之舍宿，中之一隅，為二公公祠之紀念堂。旁有照膽臺，建於明萬歷時，祀後漢關羽，近亦重建為藝專校址一部。

徐烈士墓　在路北，正對羅苑。烈士名錫麟，浙江紹興人。家富於資，既就學日本，主種族革命。歸以資為道員，詣安徽謁巡撫恩銘謀緄軍符，以便舉事。旋被任為巡警學堂會辦。光緒丁未五月巡警學生會操，恩往閱，烈士以手槍擊之不中，其黨陳伯平戰死，烈士與馬宗漢就擒被殺。光復後移葬於此，墓前有烈士石像。

浙江忠烈祠　在三忠祠北，本清行宮，為清康熙四十四年南巡駐蹕之所。雍正五年改為聖因寺，燬於洪楊之役，後稍舊觀。辛亥民軍起，浙軍以攻江寧而陣亡者，就寺後祀之，曰南京陣亡將士祠。祠前有紀念碑。今祠址已撥為西湖博物館之一部。

西湖博物館　館址即為著名海內之文瀾閣址，在孤山正中，為清前宗南巡時行宮之一部分，舊藏四庫全書。

咸豐間燬於兵。光緒六年浙撫譚文勤公鍾麟重建，邑人
丁申，丁丙補鈔閣書，尚有缺者，嗣由前教育廳長張宗
祥補鈔竣事。東南文獻，賴以不墜。今全書已移置浙江
圖書館孤山分館。

中山公園　在文瀾閣西偏。舊為清行宮宮址，倚山而
築，今改為中山公園。亭欄曲屈，花木參差，登高處則
全湖盡在目中，有浙軍凱旋紀念碑。

浙江圖書館孤山分館　在中山公園右。原為浙江圖
書館址，自大學路新館址工竣後，該處乃改為孤山分
館，專藏四庫全書及木版與善本書籍。

西泠印社　在朱公祠右，頗饒古逸之趣。有照閣，四
面玲瓏，憑窗可覽全湖；該社主持人現為韓登安氏。

廣化寺　唐時稱為孤山寺，內有宋蘇軾所名之六一
泉，所以紀念歐陽修也，僕夫泉、參寥泉，金沙井等，
今皆廢。太和園、樓外樓酒菜館在寺之左右，可小酌。

俞樓　德清俞樾別墅曰小曲園，久廢，今改三層西
屋。再過卽武進盛氏家祠及杜月笙氏杜莊。西北行可至
西泠橋，白堤盡於此。

西泠橋　橋在孤山之西，卽古之西村喚渡處，一名西
林橋，又名西陵橋。從此可往北山昔趙孟堅常客武林，

值菖蒲節。山之前後，舊有閑泉周公謹遨遊西湖，薄暮至此，靠舟茂樹間，指林麓最幽處，曰：「此眞董北苑得意筆也。」橋後損毀，民國三年重修建。

馮小靑墓　在林公祠左。小靑為明武林馮生姬，其姓不著，工詩，見嫉於大婦，徙居孤山抑鬱早卒。其後為宋馬鞠香女士墓；生前喜吟林和靖詩，死後葬此。民國四年，吳江柳亞子為伶人馮春航立碑小靑墓側；因馮善演小靑故事，又同姓，為留片石以誌緣。

巢居閣　在放鶴亭左，相傳為宋林逋建。登閣喧笑，答應滿谷，景目為「空谷傳聲」。逋性愛梅，曾手植三百株，已多萎，今山上下之梅，皆後人補植，閣址現已撥作杭童子軍理事會會址矣。

放鶴亭　在巢居閣右，可由西泠橋旁或平湖秋月對門轉入。為元陳子安所建，以林逋首於此放鶴也。景目為「梅林放鶴」。民國四年重修。清聖祖南巡為題額，並書舞鶴賦一篇，勒石亭中。亭後有鶴冢。亭前於十八年西湖博覽會時新建木橋，可直達後湖各處。

葛嶺區

　　葛嶺區以葛嶺為最高峯，東支為寶石山，彌陀山，西支為棲霞嶺諸山，昔皆歸於北路山，今以北山路過廣，且葛嶺山麓新闢馬路，故特立一葛嶺區。

彌陀山　在昭慶寺後，寶石諸山之支麓也。自葛嶺伏入地脈至桃花港突兀而起。山頂昔有大石棋枰，上刻棋子當三十二而缺卒，今廢。

彌陀寺　在彌陀山北。光緒初，有外來僧某，在山之陰，以彌陀經字摩崖；尋倚壁建彌陀寺。門臨溪水，緣樹成陰。從石橋一折而入，頗稱幽寂。

寶石山　在錢塘門西北，高六十三丈，周十三里，一名石甑山，又名巨石山。前經日本嶺事署折入，拾級而上，見一白堊之病院，即至其巔。

保俶塔　在病院西，為吳越相吳延爽建。俶吳越王之名。世訛為寡嫂祈叔平安而建，因稱保叔塔，亦稱保所塔。曾毀，後重建。高倚天外，尖削如春筍出土，內實而不可登。昔與湖南雷峯塔相對，今則雷峯已歸烏有，當時所號為湖上雙浮屠者，僅存其一。此塔於前年重建，煥然一新，但已無舊日之古樸可愛矣。塔下舊有寺曰崇壽院，今廢。清光緒時，英人梅藤更於其地建西屋為病院，後官廳以巨價贖還，改建浙江陸軍衞戍病院，現已撥作別用，塔旁有落星石，一曰壽星石，亦曰萬歲石。又有看松臺。鄰右有亭，曰來鳳亭，亦稱西爽亭，為清閩浙總督李衞建。木落秋高，山巖瘦削。風景佳絕。塔後有右屏風，再進為川正洞，洞左有右峽，徑甚隘，僅可一人行。石西有巾子峯，再西為寶稷山；山石玲瓏，可以登覽湖景。

蝦蟆嶺　在錢塘門外，寶石山南。有二石，遠望極似蝦蟆，故俗稱蝦蟆石，實名壽星石，或名萬歲石。

葛嶺　在寶石山西，亦名葛塢。相傳晉葛洪葬此。與寶石諸山相通。

初陽臺　在葛嶺最高處，平衍數畝，南則全湖歷歷，西南則諸山蜿蜒，北則萬頃平疇，房廬可數，東則烟火萬家，之江大海，隱隱天際；極遠近眺覽之勝。

黃龍洞　在掃帚塢。舊傳附近有黃龍出現，故名。洞不甚深，近年加以開鑿堆疊，乃臻幽邃。旁有數小洞，正洞中立一佛像甚偉。距洞數十步，由粵人道教中斥資築廟，廟中構假山瀑布，清雅宜人。所謂龍洞，無門洞者，均係黃龍洞之別稱，各遊覽指南內所稱恐有誤。

金鼓洞　在劍門嶺南。昔人伐石其間，聞金鼓聲作乃止。洞不甚深，洞口甚廣，洞壁兀立，儼若削成者。旁有泉一泓，曰金鼓泉，明漪徹底。

白沙泉　在金鼓洞右，石壁康鑴有為書「白沙泉」三字。泉自洞中流出，甘而白，涵為一池，不溢不竭。

蝙蝠洞　在棲霞嶺後，金鼓洞北，洞口不大，入內則寬廣，由兩山壁夾立而成，夏時壁縫間蝙蝠纍纍倒懸，大者尺許。是洞幽邃，不減紫雲，煙霞，惜未加修理，

洞旁又無寺廟，故遊蹤絕少。

紫雲洞　去妙智寺二三百步。棲霞五洞，此為最奇；峭聳嵌空，石色若暮雲凝紫，陰涼徹骨。從洞下級二十餘，隆然若堂，內外明朗，空中有樓倒垂，上設峻檻，有階可升，中供觀世音石像，座鑴「紫雲洞天」四大字。旁有深穴，窺之黑暗。沿洞入又得一洞，亦敞豁，當天小孔如掌大，日光下射。壁藤森瘦，皆從裂處上刺。右有削壁，半覆半倚，低至壁根，有洞方可消夏。洞側有雲寺，寺額廢，僅榜「紫雲古洞」四字。洞下半里許，有懶雲窩，附近有宋輔文侯牛皋墓。皋字伯遠，汝州魯山人，為岳忠武部將。為秦檜令都統制田師中毒死。

北山區

　　北山區內，將令遊程紊亂，殊為不便，茲已另列孤山區於前矣。今姑定仙姑山、雙峯插雲、桃源嶺，北高峯，天竺山五處為北山區。

仙姑山　介於棲霞、靈隱間、一名靈苑山、一名東山。西為鮑家田，北為青芝塢，又北為桃源嶺，下為耿家步。附近有宋烈文侯張憲墓，元總管夏思忠為立表識。

清漣寺　在仙姑山北，青芝塢口。南齊時，為淨空禪院。乾隆三十八年，聖祖幸此，賦詩，改名清漣。旁有

西式屋三座，為廣西岑春煊所構。寺內有泉曰玉泉，發源西山伏流數十里，至此始見。池方廣三丈餘，清澈見底，底積綠苔，中有小石塔，蓄五色魚，長或及三四尺，池上房三楹，榜曰「魚樂國」。旁有洗心亭、皺月廊，沿廊置座。寺僧煎茶歡客，并備麵餅，供客投餌，魚揚鰭而來，聚吻爭吞狀殊可觀，是以「玉泉觀魚」為遊湖勝事之一。又有細雨泉在寺後，泉上有晴雨軒眼泉下通，浮激波面，狀若細雨，因名。

靈峯寺　在仙姑山西北，舊名鷲峯院，吳越王建。清道光時，加以修葺。其地故多梅，洪楊刧後，無有存者，宣統間吳興周慶雲就寺門外靈峯亭以至半山來鶴亭，補裁三百本，復構補梅盦，盦右為掬月泉，形如半月，前有屋，小如艇，後有長廊曰羅漢廊。自掬月泉側石徑盤旋而上，為來鶴亭。寺南有聽泉石山門外有香雲泉。梅花開時，市人咸來探賞。

雙峯插雲　在九里松，當南北兩高峯之間，稱「兩峯插雲」，為十景之一。清康熙時，於此建亭勒石，改為「雙峯插雲」。

桃源嶺　在九里松東，北高峯東盡處，宛如駝肩。神州古史考，遊覽志、西湖志俱作「巘駝」；乾道志作「駝苑」；釋大善西溪百詠作「桃源」，記載各異，今稱桃源嶺。

神霄雷院　在慶化山。宋咸淳間羽士陳崇眞自閩來浙，卜居茲山，善五雷法。後入朝祈禱，以劍水入布撰，有紅露之異，因敕建雷院以居之，錫以紫芝，賜號冲素眞人。

合澗橋　在飛來峯路口，下有南北二澗；北澗自靈隱而下，合流於此，故橋曰合澗橋。其地為靈、竺山門。俗呼為二寺門。白樂天詩；「一山門作兩山門，兩寺元從一寺分」，正此。

龍泓洞　又稱通天洞，洞口有理公巖，今理公塔在焉。旁有射旭洞，與龍泓通，外視之，洞可容百數人，內視之，巖可樹百椽屋。又有玉樹洞旭光一線，上透極頂，遊客至，僧卽為之指示以索錢，俗稱一線天。峯西有白猿峯、有呼猿洞、與飛來、蓮花、稽留，月桂、稱為五峯。

飛來峯　在靈隱天竺兩山之間，近雲林寺，一名靈鷲，距岳墳六里，距茅家埠三里。晉僧慧理嘗登此，歎曰；「此是中天竺國靈鷲山之小嶺，不知何年飛來？」因駐錫於此，建靈隱寺，號峯曰飛來峯。高不逾數十丈，而怪石森立，千態畢呈，不雜土壤，勢若浮懸。瘦藤古木，透寸隙而生者，皆抱石合皮，翠蕤蒙冪，冬夏常青，其下巖局窈窕，屈曲通明，若刻若鏤。壁間滿鐫佛像，傳為元僧楊璉眞伽所鐫，清朱彝尊謂；「雕鏤精緻，非六朝人不能為。」今已漫漠莫辨。峯頂有石梁，

長一丈。有翠微亭在峯半。峯東南為慈宮。

冷泉亭 在飛來峯下，雲林寺前。依澗而立，山樹為蓋，巖石為屏，雲從棟生，水與階平，洵勝地也。舊有聯云：「泉自幾時冷起，峯從何處飛來。」又清左宗棠聯云：「在山本清，泉自源頭冷起；入世皆幻，峯從天外飛來。」二聯一問一答，語甚雋妙。其側有雷亭，宋趙安撫與籌建。

永福寺 在雲林寺西，石筍峯下。劉宋元嘉時，為琳法師講所。石晉天福顏為「普圓院」。南宋咸淳間，敕改今額。元稱白祕庵。萬歷重題「永福禪林」。順治中，天台裔靜昭興復。旁有清瞿交慎公鴻磯墓。

雲林寺 在靈隱山麓，舊名靈隱寺。晉咸和元年，僧慧理建。元、明時廢時興。清順治間，僧宏禮重建。有覺皇殿、直指堂、羅漢殿、金光明殿、輪藏殿、大樹堂、南鑑堂聯燈閣、華嚴閣、青蓮閣、梵香閣、玉樹林、法壽堂、萬竹樓諸勝。康熙二十八年，賜名雲林寺。其後八年間，聖祖幸凡四次，歷賜金佛、香金及御書經卷等，並題額製詩。雍正八年，李衞倡修大雄寶殿、天王殿等。乾隆十六年御題覺皇殿曰「鷲嶺龍宮」，直指堂曰「摘翠披雲」。咸豐辛酉，大殿燬。民國初，主僧購巨木於美洲，重建殿閣。天王殿已於前年重建一新。殿左有羅漢堂，奉五百羅漢，二十五年冬寺僧不慎，燬於火。

夢謝亭 在靈隱山畔。晉林明禪師為謝靈運建。遊覽志；靈運會稽人，其父舉之，憂不宜畜，乃於林明師舍寄養，林夢東南有賢人相訪，及曉運靈至，遂以名亭，亦名寄兒亭。

韜光庵 在北高峯南，雲林寺西巢拘塢。經岣嶁山房上至韜光，石磴數百級，峯高百盤，筠篁夾植。沿途水澗下流，其聲錚琮，因名韜光泉，由此而上，可三四里，卽韜光庵。有金蓮池，相傳韜光引水種金蓮處；花黃而小，葉橢圓莖上各一葉，異種也。庵頂有石樓、方丈，正對錢塘江。江盡處卽海，故唐人有「樓觀滄海日，門對浙江潮」句；世稱「韜光觀海」以此。今有呂祖祠，其後為呂祖煉丹臺。庵左有誦經室。山後有崖，可觀海盡處，崖下一洞，名丹崖石室。

北高峯 在雲林寺後，靈隱山左支之最高者，與南高峯遙相對峙，時露雙尖，望之如鍾，所謂「雙峯插雲」者是。自下至頂，凡九百二十丈，石磴逾千級，曲折三十六灣，羣山屏列，湖水鏡浮，遙望之江，如匹練新濯。峯頂舊有浮屠七級，今圮。有靈顯廟在峯之絕頂，祀五順神；廟後有平台，台上有石松一株，千年以上物，洪楊時燬。峯西有烏石峯，亦名資巖山，高與北高峯埒，下接龍門山石筍峯一名卓筆，在烏石峯半腰。

天竺山 為晉葛仙翁得道之所。自靈鷲至上竺郎富嶺止，周數十里，巖壑尤美。下竺寺後諸巖洞，嵌空玲

瓏，不可名狀。林木皆自嶺谷拔起，不土而生。石間唐、宋人題名，不可殫記。峯巒迴合，為全湖最幽深處。入下竺過中竺至上竺而止，上中下三天竺寺，皆供奉觀音大士。春時香客麕集，最為熱鬧，舊歷六月十九日為觀音誕；先於十八夜進香，仕女傾城而至，已相沿成習矣。

下天竺 在雲林寺南，由飛來峯至此僅里餘。晉僧慧理建，初名繙經院，後屢有興廢。清康熙三十八年，高宗賜額曰「法鏡寺」。咸豐之季，燬於兵燹。光緒八年重建。寺後有金佛洞、三生石、蓮花泉諸巖洞。寺之對面有月桂峯，多桂花，花白實丹。宋之問題「桂子月中落」謂此。有香林洞、日月巖，晉謝靈運翻經台，右為蓮華峯。

中天竺 在稽留峯北，距下天竺僅里餘，與永清塢相對。隋開皇十七年，僧寶掌從西域來入定，建立道場。清康熙三十八年，聖祖賜帑重修，四十二年賜書「靈竺慈緣」額。乾隆三十年高宗南巡，賜「法淨寺」額。咸豐間燬，同治復興。寺東北為楓木塢，西為中印峯，以寶掌乃西域五印度之中印人得名。

上天竺 在北高峯麓，自雲峯下，與乳竇峯相對。昔吳越武懿王夢白衣人求治其居，乃開路築基，卽地刱佛廬，號天竺看經院。後移今所。宋孝宗改院為寺。清乾隆十六年，高宗南巡，題門額曰「法喜寺」，後款額曰

「寶院飛觀」。咸豐辛酉燬，同治初，布政使蔣益灃重建大殿。光緒間，蘇潘聶緝槻倡捐重修，費皆巨萬，香火之盛，不下普陀，宏麗為三天竺冠。而天王殿，不幸於前年燬。寺石為中印峯，峯半有天香巖，峯連楓樹嶺、善住峯。寺南乳竇峯懸乳如脂，甘和可愛；北為白雲峯，峯下有白雲泉；峯陽為琴岡、陰為烏石巖。右轉為雙檜峯，為靈隱塢；塢後為幽淙嶺、為郎當嶺。幽淙嶺嶮石齒齒，郎當嶺削障臨淙，頗不易上。為天山門，南北兩山之祖也。自此東通龍井，南達五雲，左迫峭嶂，右臨深溪，緣木攀蘿，方可舉趾，故稱郎當。

南山區

南山區起於南屏，次為九曜、為赤山、為石屋、為南高峯、為靈石山、為棋盤山、為天馬山、為獅子峯、為理安山，其他如丁家山、萬松嶺、五雲山、昔本歸於南山區內，但丁家山在湖濱，故列入沿湖區內。至於五雲山、萬松嶺、橫亙江邊，應歸於江干區。

南屏山 九曜山分支也，一名佛國山，在清波門西南九曜山東。怪石秀聳，高崖屏障然。山四十餘丈，延袤可八里許。山頂為慧日峯，旁有羅漢洞，壁鏤大士像十六，叢石斑剝，今不可辨，峯下有歡喜巖，兩石離立相對若老翁，其一巨首宛如戴笠。

接引洞 在蓮華峯北麓。洞口敞，洞內怪石盤立，立屈曲有致。洞左巖石間有細徑，緣徑而上，復有小洞，

中供小佛一尊。

方家峪 在南屏山南，與梯雲、慈雲二嶺通。

蓮花峯 在玉皇山之東北，為一平地突起之小峯。登玉皇山頂觀此，四面玲瓏，巖石層疊，宛如蓮花。

慈雲嶺 當玉皇山與鳳凰山之間，通方家峪接近南屏，出江干路也。崖有吳越國王題名四十九字。靈花洞在嶺巔，深百餘步，闊十餘丈；有吳越國王題名二十九字。下為天龍寺，寺後崖壁鐫般若心經，其左右洞，鐫「繞雲洞」。

八卦田 在城南天龍寺下。中阜規元，作八卦狀，俗稱九宮八卦田。田旁今為滬杭甬路及浙贛路繞道經此之捷徑。

登雲觀 在玉皇山中間，為玉皇山頂至八卦田必經之處，香車頗盛。

玉皇山 亦稱育王。山徑盤旋，石壁尖聳，登頂可覽江湖之勝。山頂有玉皇山宮，七星缸。同治後建復。七星缸者，清雍正間，李衞以杭多火患，形家謂此山為離龍之祖，乃於山腰創置鐵缸七，倣北斗星象排列，水鑄符籙，朔望省視缸水，宿則注滿，蓋取用坎制離之義。七星缸之下有飛龍洞，洞由上而下，深窈莫測。現大加

整理，更名曰紫來洞。相傳與安徽歙縣諸山通，但經多
人下探，與外間實不相通，通皖之說，不足置信。

梯雲嶺　在玉皇、九曜兩山之間。舊有石磴甚峻絕，
今則石磴已圮，徑窄而仄，頗不易登。沿徑風景，頗足
瀏覽。嶺巔有洞，低窪異常。

九曜山　在南高峯東南，東為南屏山，西為赤山，舊
有九曜星君殿故名，山雖大而少勝蹟。其西南卽太子
灣，山東為仙人洞，卽幽居洞。

華津洞　在方家峪西南。巖石青深，石色秀異如翠螺
蒼玉。中有十八尊羅漢，洞口有清泉，野花奇麗；雖夏
月登臨，亦寒砭肌骨。

石屋嶺　在九曜山西南，自太子灣折而南卽至。上有
石屋亭，全湖在望，風景頗佳。

石屋寺　在石屋嶺下，亦名大仁寺。清咸豐間燬，後
重建。存彌勒佛一尊，重六百斤，傳為宋鑄。寺內有石
屋洞，迤二丈六尺，狀如軒榭，較煙霞為虛朗。舊鐫小
羅漢五百十六身，洪楊之役，頭盡燬。洞後一穴，上寬
下窄，署曰：「滄海浮螺；」旁有小洞，曰別石院，曰
甕雲洞。由通幽處取小徑而上，有小洞僅容一人，曰乾
坤洞。相傳宋高宗嘗至此小坐。洞旁曰青龍伏店巖，較
大而幽！。石屋洞後有蝙蝠洞，中多蝙蝠。宋建炎間，

里人避兵於此，云可容數百人。寺前新建華嚴經塔一座，甚偉大。

淨梵寺　在瑞峯塢、當煙霞、石屋之間、距石屋寺約半里。三面環山，四圍繞竹，極幽靜，與石屋亭遙對。寺前可望西湖城市之一部分，有小溪，寺前琤琮可愛。

大慈山　在九曜山西南，圓岡雙峙，形若覆釜。自此而南，山勢翔舞，石筍鱗次；至大慈山前，松杉碁布，山色蒼蔚，中峯隆起旁舒兩翼，具龜蛇旗鼓狀，北為錢粮司嶺，上有甘露寺，東為屏風山，南為白鶴峯。

遊程指南

遊程指南

欲覽湖山之勝，必按日分區，循路而行，方無枉費時間，或徒糜金錢之弊，因就平日遊履所至，擬具舟遊、車遊、輿遊、步遊等四種遊程，以為遊者導。

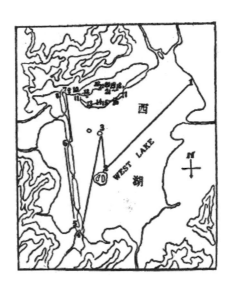

舟　遊

一日遊程

上午八九時，雇小舟自新市場出發，沿岸而進，遇可遊覽之地，隨時捨舟登陸。午時可在岳廟前進餐，晚仍回原出發點，如此只須一日，即可遍遊西湖矣。茲錄一日行程，須到各地如下：

一、湖濱公園

二、三潭印月

三、湖心亭

四、花港觀魚

五、高莊

六、蘇堤春曉與蘇堤公園

七、岳廟

八、曲院風荷

九、秋瑾墓

十、蘇小小墓

十一、西冷橋

十二、曼殊塔

十三、西冷印社

十四、中山公園

十五、西湖博物館

十六、博覽會紀念塔

十七、平湖秋月

十八、林社

十九、放鶴亭

二十、鳳林寺

二一、林處士墓

二二、馮小青墓

二三、瑪瑙坡

兩日遊程

　　第一日遊沿湖區，自湧金門出發，進小南湖，在高莊午餐，繞丁家山經郭莊出金沙堤，由西冷橋而入裏湖，出斷橋至新市場湖濱登岸。所應遊各地如下：

一、柳浪聞鶯及錢王祠

二、汪莊

三、漪園（卽白雲庵）

四、雷峯塔遺址與紅籟山房

五、淨慈寺

六、張蒼水祠

七、蔣莊

八、花港觀魚

九、高莊

十、劉莊

十一、西山公園

十二、郭莊

十三、嚴莊

十四、葛蔭山莊

十五、斷橋與白堤公園

十六、堅匏別墅

十七、昭慶寺

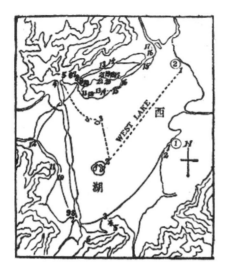

　　第二日遊湖中及孤山區，自新市場出發直達三潭
印月，轉湖心亭，折而謁岳廟；進午餐後，由岳廟出發
至湖濱折向左，步行經秋墓，過西冷橋，環遊孤山一
週，命舟在放鶴亭下相候。及再登舟放乎中流，在葛
嶺、孤山之間，可試「空谷傳音」之勝，然後至錢塘門
登岸。本日應到各地如下；

　　一、湖濱公園

　　二、三潭印月

　　三、湖心亭

　　四、曲院風荷

　　五、岳廟

　　六、鳳林寺

　　七、秋瑾墓

　　八、蘇小小墓

九、西泠橋

十、曼殊塔

十一、廣化寺

十二、西泠印社

十三、中山公園

十四、西湖博物館

十五、博覽會紀念塔

十六、平湖秋月

十七、林社

十八、放鶴亭

十九、巢居閣

二十、林處士墓

廿一、馮小青墓

廿二、瑪瑙坡

汽車遊

半日遊程

如乘滬杭路或浙贛路早班車來杭，抵杭已中午時分，下車後，即在車站雇汽車出遊，自白堤至北山靈隱，折回蘇堤至南山各處，歸時可在大街購買杭州土產，乘夜車離杭。半日所遊各地如下：

一、湖濱公園

二、白堤公園

三、平湖秋月

四、孤山全部

五、中山公園

六、西泠印社

七、岳王廟

八、靈隱

九、飛來峯

十、蘇堤公園

十一、虎跑

十二、汪莊

一日遊程

晨起八時出發，由白堤經岳墳至靈隱折回，遊岳墳。午後，經蘇堤至曲山等處，並至錢塘江濱，轉入九溪十八澗，歸來時經中山中路以至城站。其所到地點如下

一、湖濱公園

二、昭慶寺

三、白堤公園

四、平湖秋月

五、孤山全部

六、中山公園

七、西泠印社

八、靈隱

九、飛來峯

十、岳墳

十一、蘇堤公園

十二、虎跑

十三、六和塔

十四、九溪十八澗

十五、張蒼水祠

十六、淨慈寺

十七、汪莊

三日遊程

在湖上如乘公共汽車以遊，則價既經濟，而時間更為迅速，至為合算。惟路線不多，且須算準時間，不致虛耗。公共汽車在湖上行駛者，計有三路如下：

甲、自湖濱至留下，卽沿西溪一帶。名勝地點如下：

一、湖濱公園

二、松木場

三、彌陀寺

四、古蕩

五、東嶽

六、花塢

七、塢中各庵

八、留下

九、風木盦

乙、自湖濱至留下，卽沿西溪一帶。名勝地點如下：

  一、第六公園

  二、昭慶寺

  三、斷橋

  四、白堤公園

  五、平湖秋月

  六、孤山

  七、中山公園

  八、西泠印社

  九、西泠橋

  十、蘇小小墓

  十一、秋瑾墓

  十二、武松墓

  十三、鳳林寺

  十四、岳墳

  十五、曲院風荷

  十六、洪春橋

  十七、雙峯插雲

  十八、靈隱

  十九、雲林寺

  二十、飛來峯

  二一、韜光庵

  二二、北高峯

  二三、三天竺

丙、自湖濱至雲棲沿南山及錢塘江邊一帶。可到名勝地
　　點如下：

　　　　一、湧金門

　　　　二、柳浪聞鶯

　　　　三、錢王祠、表忠觀

　　　　四、清波門

　　　　五、長橋

　　　　六、汪莊

　　　　七、淨慈寺

　　　　八、雷峯塔遺址

　　　　九、白雲庵

　　　　十、虎跑

　　　　十一、六和塔

　　　　十二、徐村

　　　　十三、九溪十八澗

　　　　十四、雲棲

輿　遊

兩日行程

　　　輿遊最短時間為二日，第一日遊沿湖北部、孤
山、葛嶺、北山西區。侵晨自錢塘門起行，過斷橋，至
孤山，環行一週，由蘇堤至金沙堤，到茅家埠，達上天
竺，折回在靈隱午餐。餐後登韜光，下山渡白樂橋，抄
小道至玉泉。返途謁岳廟，循湖岸行，上葛嶺，而以保
俶塔終點。本日所停各地如下：

一、斷橋與白堤公園

二、平湖秋月

三、林社

四、放鶴亭

五、巢居閣

六、馮小青墓

七、瑪瑙坡

八、林處士墓

九、趙公祠

十、徐錫麟墓

十一、西湖博物館

十二、中山公園

十三、西泠印社

十四、廣化寺

十五、曼殊塔

十六、西泠橋

十七、蘇小小墓

十八、秋瑾墓

步　遊

三日行程

第一日沿湖孤山葛嶺三區。環湖而行，兼須乘舟。湖濱任何地方起行皆可，惟總以錢塘、湧金兩門為最適宜。假定由錢塘門起行，則先到寶石山葛嶺，次遊孤山，至岳廟午餐。飯後，乘船往三潭印月，折至花港觀魚，循蘇堤由淨慈寺而返清波門。（自新市場錢塘門及清波門，均可乘公共汽車）。沿途名勝過多，勢不能各處停留，只得擇其最重要者列下；

一、保俶塔

二、葛嶺

三、黃龍洞

四、金鼓洞

五、紫雲洞

六、岳廟

七、西泠印社

八、中山公園

九、放鶴亭

十、平湖秋月

十一、湖心亭

十二、三潭印月

十三、花港觀魚

十四、淨慈寺

十五、雷峯塔遺址

第二日遊南山北山兩區，由新市場乘市區公共汽車至四眼井，折入為石屋洞，經煙霞洞，轉理安、九溪十八澗，過龍井，登棋盤山，下達天竺而靈隱、玉泉以至岳廟，仍乘舟或公共汽車而返。可在龍井或靈隱午飯。其間南北兩高峯皆不及登，而棋盤山頂，可望西湖、錢江，且可仰望後面諸山，實兼有南北兩高峯之勝；且為南山與北山往來之要道，不可不登，總計此行程可停留各地如下：

一、四眼井

二、石屋洞

三、大仁寺

四、水樂洞

五、烟霞洞

六、理安寺

七、九溪十八澗

八、龍井寺

九、棋盤山

十、上天竺

十一、中天竺

十二、下天竺

十三、飛來峯

十四、靈隱寺

十五、光韜庵

十六、玉泉清漣寺

第三日遊江干區。乘市區公共汽路至虎跑，出至江干，沿岸西行，登五雲，下至雲棲循江岸東行至閘口，乘火車而返。計遊覽各地如下：

一、虎跑寺

二、六和塔

三、徐村

四、五雲山

五、雲棲寺

六、洗心亭

七、范村

八、閘口

杭州電信局營業處所時間表

營業處所	地址	電話號數	營業時間
惠興路營業處	惠興路廿四號	一〇一三 一四〇〇	全日二十四小時開放
鼓樓營業處	鼓樓灣五十二號	一一九二 一一九四	上午七時至下午十一時
慶春街營業處	慶春街五二〇號	一〇一四 一〇一五	同上
江干營業處	江干洋泮橋	二四四四 二四六五	同上
拱宸橋營業處	拱宸橋		同上
城站電亭	城站	一一八一 一一八二	同上
岳王電亭	岳墳	一一七一 一一七二	上午九時至下午五時
中國旅行社代收電報處	湖濱路六九號	二五五五	
一號汽車郵局營業處	浙大　裏西湖　岳墳 將軍路　省政府		
二號汽車郵局營業處	清波門　衆安橋　汪莊 虎跑　六合塔　上倉橋		

△特快電報　△交際電報　△夜信電報
△限時到達　△簡便隆重　△經濟迅速

國內旅行電報規則

第一條　國內各處往來之電報其電文純係敍述左列事
　　　　項者得列作旅行電報

　　　　一、報告或詢問往何地旅行或經過何地將寓
　　　　　　何處

　　　　一、報告或詢問啟行日期搭乘車船飛機之

　　　　　　　班次

　　　　　一、報告或詢問攜帶之行李及其件數

　　　　　一、報告或詢問旅行伴侶之人數及其姓名

　　　　　一、預定旅館房間或車船飛機票位及其答復

　　　　　一、通知請為照料及招待

　　　　　一、報告旅行到達某地寓居某處

　　　　　一、通知或詢問旅行中途逗留原因

　　　　　一、通知搭乘車船飛機某班次並未到達

　　　　　一、報告旅行臨時改變日期或改往他地

第二條　　旅行電報限用華文或英文明語書寫華文每電至少以廿字起算英文每電至少以十字計算不滿起算字數者概照起算字數計費逾此按字數遞加計費

第三條　　華文旅行電報應於電首書明「旅行」二字英文旅行電報應於電首書明Tour 一字作為納費標識此項華英文標識概作一字計費

第四條　　旅行電報照國內尋常明語電報價目收費

第五條　　華文旅行電報可交由電局譯成電碼拍發不收譯費

第六條　　旅行電報之傳遞次序與加急電報相同

第七條　　旅行電報得適用「預付回報費」及「分送」二種特別業務辦法依照左列之規定辦理

　　　　　甲、　「預付回報費」預付之回報費不得低於華英文旅行電報起算字數應納之報費

　　　　　乙、　「分送」分抄費價目按照常電分抄費同樣收費

第八條　旅行電報除依本規則辦理外其他事項適用國
　　　　內電報營業通則之規定
第九條　本規則自公佈日起施行

杭人的習俗

杭人的習俗

玉皇進香 正月初九日，傳為玉皇誕日，赴玉皇山進香者，絡繹於途。

元宵燈市 正月十五日，為元宵節，杭人於十三日，糊各種花燈。燃燭其中，謂之上燈，家家食粉製之圓子，十八日收燈，謂之落燈，食年糕，所謂「上燈圓子落燈糕」。收燈前後，每多風雨，前人詩曰：「上燈細雨落燈風，元宵燈市夢愁中。」蓋即指此。三竺香市、二月十九日，為觀音誕日，天竺建觀音會，傾城皆往，仕女如雲。

清明祭墓 是日，家家門前，插楊柳枝，相傳介子推焚於綿山，文公哀之，以是日為禁烟節，故名寒食，並插柳招魂，沿襲至今，遂成習俗，杭人於清明節前後，出城祭掃祖墓，借此踏青遊山。

浴佛節 四月初八為浴佛節，杭人以魚介投之湖中，謂之放生。

立夏時新 杭俗，在立夏日以烏葉羹飯食之，謂之烏糕，食之可免蛀夏，實道家之青精飯也，又有「三燒為夏餅。燒鵞，甜酒釀。五臘為臘肉，黃魚，鹽蛋，鰣魚或鯗魚，及臘狗，臘狗為清明節所藏之粉製小狗，曰清

明狗。風乾於立夏日食之，云可免蛀夏，九時新者，一櫻桃，二海蛳，三梅子，四青蠶荳，五莧菜，六黃荳筍，七蔧苴筍，八烏飯糕，九玫瑰花，或曰河豚魚。

朱天會　四月二十四日，俗傳為朱大天君誕日，杭人所最虔奉者也，諧廟拈香，賽會迎神，喧鬧竟日，朱大天君相傳即為明崇禎皇帝。思宗殉國以後，杭人不忘故君，因託為神靈，以誌哀思，實隱含故國之痛耳。

端午節　是日飲蒜雄黃酒，剪蒲艾插在門前，並以白芷蒼朮等，燃烟驅虫，俗傳為殺韃子日，元時韃虜據中原，倚勢虐民，民皆切齒。自朱元璋陳友諒等，揭竿東南，民間相約，端陽節日，以烽烟為號，見韃虜即手刃之，故至今蒲劍艾旗尚餘遺型，此則稗官野史，不足信矣。

西湖夜市　六月十九日，為觀音得道之日，十八夜，杭人多買舟夜游，或至三竺進香，澈夜不絕。

中元節　七月十二日，以糕餌供祖，謂之接祖，十五日，為中元節，街頭巷尾，各醵資為孟蘭盆會。

地藏誕　七月三十日，為地藏王誕日，杭人於是日晚間，家家插地藏香，遙望通衢，柔烟苦結。

中秋節　家居設月供，各以餅相餽，謂之月餅，或燃

斗香，高入雲霄，或放舟湖上賞月。

錢江觀潮　八月十八日，為潮神誕日，杭人於是日，傾城往江干觀潮。

重陽登高　重陽節為九月初九日，市上多售粟糕，上插小旗，糕與高諧，杭人於是日作登高之舉，吳山道上，游屐相接。

初陽台觀日　十月朔，俗傳日月並升，黎明前，登葛嶺初陽台，觀東海日出，奇幻莫可名狀。

送灶　十二月廿三日，傳為灶君上天之日，杭人以紙轎香褚。送灶君上天。

大除夕　是日，各家高燃歲燭，內外通明，迨祭祖完畢，合家圍坐飲酒，謂之分歲，並以錢幣給兒童，曰壓歲錢，大街熙攘，澈夜不息，謂之守歲，登山望之，一城燈火，六衢通明。

社團現狀

社團現狀

市政府各附屬機關

單位	職稱	姓名	地址
第一區公所	區長	厲謙	會館河下
第二區公所	區長	楊家俊	西浣紗路
第三區公所	區長	錢鏡西	忠清巷
第四區公所	區長	潘寶泉	岳坟
第五區公所	區長	嚴有容	南星橋
第六區公所	區長	邵景良	艮山門
第七區公所	區長	汪思敬	筧橋
第八區公所	區長	邱詳毓	拱宸橋
土地登記處	主任	徐鍾渭	
屠宰場	主任	詹寅伯	
市立傳染病院	院長	翁文淵	
錢江輪渡管理所	所長	周顯行	
貧民習藝所	主任	張道政	

社會救濟設施福利機構

名稱	地址
江省區救濟院	佑聖觀路
浙江省第一育幼院	竹齋街三衙前
仁慈堂孤兒院	天漢洲橋十九號
杭州市私立武林育嬰堂	湖墅倉基
中華基督教會城北堂新民社診所	湖墅大夫坊
杭州市私立三樂兒童教養院	東街路東園巷三一六號
仁愛醫院社會福利部份	太平門刀茅巷
仁愛醫院附設託兒所	刀茅巷
杭州市第三區樂善施材會	東清巷大經堂
西湖區南山聚集施材會	淨慈寺南庫房
彭埠施材會	艮山門外彭埠
大東施診所	大東門外直街七十七號
薦三施診所	清泰路琵琶街
仁慈施診所	寶極觀巷寶極觀隔壁
中華理教普緣社浙江第二分會	豐禾巷二十二號
仁愛望孤兒院	清波門直街三十三號

名稱	地址
杭州勸善局	東街路駱駝橋下
中教道義會杭州分會	竹竿巷六十一號
世界紅十字會杭州分會	新民路廣濟醫院內
杭州市各界救火聯合會	河坊街十四號
杭州四明公所	掃帚灣
杭州金華樂善堂	掃帚灣

治安機關

名稱	負責人	地址
警保處	竺鳴濤	上倉橋
憲兵團		板橋路
杭州市警察局	沈溥	太平坊巷
市警第一分局	陳省方	新宮橋河下
市警第二分局	任壽鐸	蒙古橋
市警第三分局	柴顯榮	忠清巷
市警第四分局	蔣恆德	岳坟街
市警第五分局	張梨莊	南星橋
市警第六分局	阮捷成	艮山門外灣兒頭
市警第七分局	謝子靜	筧橋
市警第八分局	周誠	拱宸橋
警察大隊	王植三	西浣紗路
刑事警察隊	林奇偉	行宮前
刑警第一分局	趙俊才	拱宸橋新福海里
刑警第二分局	鍾炳甫	貫橋法輪寺
刑警第三分局	馮揚彰	通江橋畔
刑警第四分局	吳超	慈幼路一號
刑警拘留所	壽洪祥	柴木巷

交通機關

名稱	負責人	地址
浙贛鐵路局	候家源	靜江路
浙江公路局	錢豫格	中正街
公路總局第一運輸杭州分處	蔡慕慈	武林門車站內
公路總局杭州監理所	趙志俠	中正街
公路總局杭州工務總處	馬霄鶴	板橋路五福里

名稱	負責人	地址
杭州電信局	丁鴻儒	惠興路
浙江郵政管理局	何幼村	城站

其他機關

名稱	負責人	地址
監察使署	朱宗良	靜江路
兩浙鹽務管理局	趙顯武	馬坡巷
浙江區直接稅局	杜巖雙	菩提寺路
直接稅局杭州分局	劉景蘇	聖塘路
浙江區貨物稅局	劉克藩	膺白路
貨物稅局杭州分局	陳祖輝	開元路
考試院浙江福建考銓處	王訥言	民生路
聯勤總司令部浙江供應局	陳崇範	城站鉄道醫院舊址
浙江區禁烟特派員辦事處	張漢威	環城西路
浙江第一監獄	孫詩圃	小車橋
高等法院	孫鴻霖	法院路
地方法院	章鴻烈	法院路
師管區司令部	夏季屏	壩子橋
資源委員會錢塘江勘測處	徐洽時	英士街
團管區司令部	魏超然	定香寺巷
浙江廣播電台	陳澤鳳	英士街

自由職業團體

名稱	負責人	地址
省新聞記者公會	胡健中	竹竿巷
市新聞記者公會	張明烈	竹竿巷
杭縣律師公會	汪紹功	西浣紗路
市醫師公會	毛咸	中正街
市中醫師公會	毛鳳翔	崔家橋十六號
市藥師公會	周師洛	中山北路五五號
市牙醫師公會	田寶生	英士街
省會計師公會	韓祖德	佑聖觀路

教育機關

名稱	負責人	地址
省立西湖博物館	金維堅	外西湖
省立圖書館	陳博文	外西湖
省立通志館	余紹宋	裏西湖
省立杭州民教館	張彭年	湖濱路
省立杭州體育場	周伯平	行宮前
省立第一巡迴影劇歌詠隊	顏景文	眾安橋
電化教育輔導處	錢紹起	英士街
市立江干民教館	呂璜	南星橋
市立西湖民教館	沈仿麟	靈隱
市立湖墅民教館	朱匡時	湖墅仁和倉
市立筧橋民教館		筧橋
市立艮山民教館	陸鼎銓	艮山門外
成仁兒童圖書館	俞思聰	民權路

〔缺頁二頁〕

新民產科醫院	樂恩浩	四人	新民路六三號
宏恩醫院	宓智英	四人	柳翠井巷四一號
杭州大公醫院	江秉甫	三人	龍興路一五號
仁愛醫院	吳宗義	四人	刀茅巷一七四號
東南醫院	葉潤石	二人	聖塘路四號
西湖肺病療養院	瞿剛	三人	裏西湖葛嶺四號
濟生產科醫院	孫樨雲	三人	英士街四七號
廣濟醫院	蘇達立	四人	新民路
博愛醫院	陳學良		太平坊金波橋一號
西湖葛嶺療養院	稽炳奎	二人	葛嶺山腳
大華醫院	葉樹棠	四人	青年路
杭州醫院	洪式閭	三人	佑聖觀路八六號
杭州市民醫院	翁文淵	八人	學士路
石氏眼科醫院	裘中聲	二人	性存路尚德里二號
同濟牙科醫院	郎毅安		開元路六四號
立德醫院	趙立屏	三人	青年路
省立杭州醫院	鄭介安		
浙江病院	孫序裳		
市立傳染病院	魯介易	四人	武林門外

杭州市報社

名稱	發行人	地址
東南日報	胡健中	衆安橋
正報	吳望伋	清泰路
工商報	朱祖舜	積善坊巷
大同日報	余烈	三元坊
民報	婁子匡	開元路
西湖夜報	陸靖	石貫子巷
天行報	華封	延齡路
民聲報	吳崇華	仁和路
當代晚報	鄭邦琨	謝麻子巷六號
衆報	周潔人	南班巷

杭市通訊社

名稱	負責人	地址
中央通訊社	張明烈	枝頭巷
國民通訊社	王惠民	民權路二十四號
力餘通訊社	許聞淵	佑聖觀路一五九號
力行通訊社	楊國華	海獅溝七龍潭七號
國光通訊社	曹天龍	清泰路三二六號
現代通訊社	華賜	七寶寺巷
曙光通訊社	王孝先	長生路三號
新時代通訊社	章達庵	裏西湖
社會通訊社	王一飛	聖塘橋河下七號
大道通訊社	沈頌初	安定巷九號
教學通訊社	曹文發	長壽路十一號
西湖通訊社	常祥麟	竹竿巷白澤弄
革新通訊社	梁亦新	佑聖觀路
杭州通訊社	沈雨蒼	長慶街
越聲通訊社	王雪痕	皮市巷
女聲通訊社	徐若萍	婦女會轉

外埠各報辦事處

名稱	負責人	地址
申報	儲裕生	湖濱路
新聞報	邵德潤	清泰街
大公報	樊迪民	中正街中南大樓
大剛報	劉開枝	西浣紗路
上海商報	顧馥清	延齡路

醫師律師一覽

〔缺頁二頁〕

李郁文 李培德	中正街一一三號西華大樓
田寶生 田志君	英士街三十號
田寶永 田子明	中正街四一三號
徐吉民	仁和路七十二號
潘其昌	青年路中正街口
潘士彥	中正街十四號
易照雪	性存路十號
楊永青	中正街九三號
章士珍	延齡路二一七號二樓
周澤民	中正街二八八號
潘德蔭	青年路青年里三號

著名中醫師

姓名	科目	地址
李椿泉	花柳眼外科	青年路
劉召伯	內科	教仁街
李培玉	內科	中山中路
何子淮	婦科	東街路
何稗香	婦科	東街路
周子祥	痘瘡兒科	東街路石板巷
李雲泉	眼科	凝海巷
韋文軒	眼科	中山中路
韋文貴	眼科	中山中路

姓名	科目	地址
徐學文	內科	佑聖觀路
高林森	內科	眾安橋嘉樹巷
王子九	內科	官巷口
袁德銘	婦科	延齡路大陸飯店
郭競志	花柳外科	龍翔橋河下
戚世昌	內婦花柳科	清泰街
湯士彥	內外兒婦科	惠興路仁和里
葉耀南	內婦兒科	裏龍舌嘴
毛鳳翔	內科	崔家巷
鄔思皋	內外科	清泰路
韓公伯	眼科	開元街
潘午印	外科	青年路見仁里
滕一青	兒科	上珠寶巷
錢中南	花柳眼科	延齡路
顏鑫泉	內科	法院路
王杏軒	內科	竹齋街
王慈航	內科	粮道山
王九皋	內外花柳科	菜市橋花燈巷
史沛棠	內婦兒科	開元街南一弄
朱守白	花柳外科	吳山路五七號
沈保慶	傷科	慶春街
詹子翔	兒科	中正街
蔡松岩	內科	青年路尚農里
何筱香	內科	東太平巷
宓炳賡	內科	清泰路

著名律師一覽

姓名	事務所
丁步松	法院路五十號
王衷海	性存路尚德里二號
石智競	慈幼路二二號
田嘉祥	官巷口同春藥房
朱啟晨	法院路三號
朱丹衷	祖廟巷六號
朱兆舟	龍興路南陽里六號
李若泉	延齡路養和里十號
李宗涕	中山中路六七〇號

姓名	事務所
汪紹功	西浣紗路二號
汪秉桐	開元路六六號
沈乃溥	三橋址直街
沈文蔚	柳翠井巷五一號
周賡鎬	馬市街小營巷四二號
周賡昌	馬市街小營巷四二號
周良	龍翔里三弄四號
吳世葵	菩提寺路萱壽里一弄十八號
查人偉	青年路二二號
查南強	青年路二二號
莫伯蕁	兩浙商業銀行
施仁	青年路青年里三號
范學海	飲馬井巷四號
孫傑	延齡路
俞大炎	法院路三號
葉綸機	湖濱七弄三號
葉葦	竹竿巷一○九號
陳仲達	延齡路養和里十號
侯振夏	清泰街一六六號
陶振東	板兒巷二八七號
萬益	崔家巷十八號
趙建新	開元街六十二號
張衡	橫紫城巷二九號
蔣紹棠	開元街七六號
樓明遠	龍興路湖山里五號
虞夢周	延齡路養和里十號
翁念滋	里仁坊巷五號
劉于武	菩提寺路萱壽里一弄十八號
錢西樵	觀巷七十七號
鮑祥齡	中正街中南大樓

緊急及交通電話

火警

吳山瞭望台	城隍山	二二五〇
消防隊	西浣紗路三八號	二二五九
中區救火會	萬安街西弄八號	二二八三
南區分會	琵琶街二三號	二二八一
西區分會	吳山路	二二八〇
東區分會	鹽滷缸巷口	二二八二
芝松集救火會	金波橋九號	二二三三
橫河集消防組	東街路二八九號	一三三六
藩運清波集龍局	竹齋街二〇三號	一九〇九
湧金集救火會	鬧市口三八號	一四一一
救火總會	河坊街一四號	二〇〇五
大井水師咸安集救火會	望仙橋河下三八號	一四八二
新市場救火會	吳山路一四四號	一九四二

盜警

警察局督察處	太平坊巷	二二二六
警察局督察長室	太平坊巷	二二三一
警察局第一分局	會館河下二六號	二二三二
警察局第二分局	蒙古橋	二二三九
警察局第三分局	忠清巷	二二四六
警察局第四分局	岳墳街五六號	二二五一
警察局第五分局	南星橋警街署	一七二五
警察局第六分局	艮山門外灣兒頭一二號	二二五五
警察局第七分局	筧橋	二〇七四
警察局警察大隊部	西浣紗路三八號	一九三〇
刑事警察第三大隊	通江橋塊下武聖宮	一七四五
警察局行宮前偵緝總隊	西府局五號	二二五七
警察局偵緝第二分隊	法輪寺	二二五八

病

浙江省立醫院	橫長壽路二三號	一三五七
杭州市民醫院	學士路四一號	一八五六
仁愛醫院	刀茅巷一七四號	一三一九
廣濟醫院	中正街四二五號	一二五〇
浙江病院	勞動路一二五號	二三三〇
市立傳染病院	清波門外五二號	二六九三

交通

詢問旅行事宜	中國旅行社	二五五五
車站問訊處	城站	二七一六
浙江省交通處	延齡路	一五八五
杭徽公司	英士街	一六三四
武林車站	武林門	一七三〇
杭州市公共汽車公司	英士街	一三八七
永華公共汽車公司	教仁街	一三一八

省會主管小史

省會主管小史

省政府主席　**沈鴻烈**

　　湖北天門人，六六歲，日本橫須賀日本海軍學校畢業，歷任東北海軍艦隊司令及海軍總司令，青島市市長，中央執行委員，山東省政府主席，農林部部長，中央黨政工作考核委員會祕書長等職。

祕書長　**雷法章**

　　湖北漢川人，四六歲，華中大學畢業，歷任青島市教育局長，社會局長，山東省政府祕書長兼民政廳廳

長，農林部政務次長，內政部常務次長。

民政廳廳長 **阮毅成**

　　浙江餘姚人，四五歲，法國巴黎大學畢業，歷任中央大學教授，中政校法律系主任，浙江省第四區行政督察專員，參政會特別祕書。

財政廳廳長 **陳寶麟**

　　河北東光人，四九歲，中國北京大學畢業，歷任鄞縣縣長，浙江省政府會計長。

教育廳廳長 **李超英**

　　浙江永嘉人，五〇歲，英國倫敦大學經濟學博士，歷任國防最高委員會財政委員，中央黨務委員會委員等職。

建設廳廳長 **皮作瓊**

　　湖南沅江人，五〇歲，法國國立朗西森林水利大學林科畢業，歷任實業部技正，中央模範林區管理局局長，農林部技正技監等職。

地政局局長 **洪季川**

浙江瑞安人，五二歲，日本早稻田大學畢業，歷任中央政校土地系講師，平湖縣長。

社會處處長 **方青儒**

浙江浦江人，四二歲，中央黨務學校第一屆畢業，歷任浙江省黨部執行委員，國民參政員，中央執行委員。

衞生處處長 **徐世綸**

浙江紹興人，五一歲，浙江公立醫藥專門學校畢

業，歷任後勤部衞生處副處長，軍政部軍醫署第一處處長，衞生司長等職。

田糧處處長 **陳　貽**

　　浙江昌化人，四四歲，上海法學院畢業，歷任田糧副處長等職。

會計長 **陳景陶**

　　浙江奉化人，四二歲，曾任中央監察委員會稽核處長。

祕書處處長 **張協承**

　　浙江嘉興人，四七歲，國立北京大學畢業，歷任國家總動員會議簡任主任祕書，設計委員，中央設計局專門委員等職。

新聞處處長 **孫義慈**

　　浙江奉化人，五一歲，中山學院畢業，歷任中宣部科長，專門委員特派員等職。

省黨部主委 **張　強**

　　號毅夫，永嘉人，五十三歲，國立北京大學法學士，曾任軍事委員會政治部主任，中國國民黨浙江省第二、三、四、五屆執行委員，先後兼組織部長，國民會議代表，中央組織委會祕書，第五屆中央執行委員，軍事委員會戰區軍風紀巡察團委員，黨政工作考核委員會考察團副團長，河南，貴州兩省黨部主任委員，中央組職部副部長，第六屆中央執行委員，國民大會代表。

浙軍管區副司令 **許宗武**

　　廣西桂林人，保定陸軍軍官學校第一期騎兵科畢業，中央訓練團黨政班及兵役班結業，性行篤實，學識豐富，歷任師旅團長，卓著戰績，二十三年任委員長南昌行營參議，二十四年以後任浙江第九第八等區行政督察專員兼保安司令及第三戰區游擊總司令部中將參謀長，溫台防守司令，二十九年調任錢江南岸中將指揮官，三十三年升任浙軍管區副司令。

杭州市市長 **周象賢**

　　字企虞，年五十三歲，浙江定海人，美國麻省理工大學科學士，歷任北京市政公所工程師，國立北京大

學工科講師，內務部技正，浙江沙田局局長，杭州市市
長，財政部參事等職。

特產種類

特產種類

茶葉　產龍井獅子峯者為最佳，其次則龍井、雲棲、虎跑，俗有獅龍雲虎之別。茶色綠作荳花香，產於清明前者曰明前，初抽嫩葉，價貴而淡薄無味。產穀雨前者曰雨前，普通皆是，本市中山中路之翁隆盛，及中正街之同大元，各茶齊備，裝璜精美，購者最多，為杭市之茶業領袖。

絲織物　杭多絲織廠，故所出絲織品，聲聞中外，綢緞分鉄機織、木機織兩種，花樣與名目甚多。紗有春紗、官紗、縐紗之別，紡有杭紡、板紡、羅紡之別，如高義泰等，皆可購得。都錦生啟文之絲織廠，所製西湖風景片及天竺綢傘，檀香絹扇，式樣新奇，更為精美，花色繁多，餽贈最宜。

藥物　胡慶餘堂、葉種德堂、發售丸散膠丹元參麥冬，久負盛名。

筆　三元坊邵芝岩筆莊所製之毛筆，為杭州製毛筆之唯一老店，加工選料，確屬佳品。

化妝品　孔鳳春之香粉，四遠馳名，遐邇咸知，當新式化妝品未曾流行之時，婦女多購孔鳳春之香粉，以資塗抹。有玉樓宮粉一種，伶界中人，化妝時視為最合用

之化妝品。

火腿　最上者為蔣腿，可向中山中路之方裕和、金華公司、萬隆，或清泰街之大東陽、太陽公、元隆等火腿公司選購。

杭扇　杭州扇子，種數甚多，依扇骨而別其大概，有青竹，檀香，冲牙，光漆，棕竹，湘妃等，扇面有白紙，洒金，泥金等之分，本市以舒蓮記、王星記為最老最佳，該號並兼售名人書畫，業務至盛。

剪刀　杭剪首創為張小泉近記（不同者，（泉）（近）兩字可為識別），精工監製，式樣靈巧，而且現在繼承主人張祖盈先生，首創改良剪刀，以機器製成，表面鍍鎳，較之以前更進步而更美觀，式樣繁多，普通類有平面各作，平面銀作，平面各樣，硃漆平面，紮籬平面，平面水磨洞庭，平面加工料，硃漆平面加工料，硃漆空面，紮籬空面，出白空面，本色空面，空面洞庭，硃漆各樣等十八種，改良有鍍鎳西式刻花，杭式各樣，蘇式各樣，京式各樣，葫蘆式各樣，研光硃漆籬柄各樣，鍍鎳杭市七把套剪，各式五把套剪，各式三把套剪，雜式各樣，西醫剪等十二種合計普通式有一百另一種，改良式有七十一種。張小泉近記百年老店，在大井巷，分店在新市場陳列館原址。
　　老雙井記刀剪廠，是杭州規模較大之一家，地址中山中路三八四號（即三元坊開元街口），創辦於明

代，至今迄已數百餘年，以「雙井」兩字外加梅花形為註册商標，務使顧客區別眞假，以免外地顧客受欺，其出品精良，屢次參加國貨展覽會，時得實業部及各當地政府嘉獎，其出品以家用刀剪及農業所用之新式桑菓樹剪，芽拮刀，接木刀，草剪，園藝刀剪，蠶種蟹剖器，藝術工具，行銷甚廣，又「紗頭剪」一種，各大紗廠無不樂用，近年出品精良，營業鼎盛。

又張小全大井記剪號，開設杭州大井巷古大井對面，自清初乾隆迄今數百餘年，專造純鋼各種刀剪，精益求精，出品有鋼口犀利、式樣新穎、輕鬆應手、經久耐用四大優點，且在剪柄戳有「大井」二字。

竹器　西湖諸山皆種竹，故鄉間人家，多數以竹為器，賴竹為原料，有作為桌椅書架等具，製售於市上以為生，但因簡單粗劣，難登大雅之堂，而編成之大小竹籃，則式樣甚多非常玲瓏，工頗精細，各地來遊者，大都購去盛物。

天竺筷　以文武竹之細節製成，輕巧玲瓏，上好者，購歸以銀子鑲頭，則更美觀。製作者都屬家庭工業，工場在大井巷中，此種文武竹，卽餘杭臨安一帶所產之苦竹，從前一端製筆桿，一端製箭桿，現在箭桿已無用處，乃改捲烟筒及司的克之用。

紙雨傘　紙傘分漆傘「俗稱文明傘」小花傘「女傘」，有各種西湖風景圖案，非常美觀，價廉物美，荐

橋孫源興所製者為最出名。

錦緞　錦緞乃用各色之絲交織而成，出品為檯毯，椅墊，背墊等，專用於西式之器具上，因專銷洋莊，故圖案都富有東方美術色彩，五色繽紛，燦爛似錦，如天女散花，黛玉葬花等等；此則為杭州絲織界之新貢獻，唯下城花燈巷祥源織綢廠，專門織造。

絲線　杭州絲線為五杭之一，以張允升為最，該號兼營帽子與百貨，業務甚廣。

杭帽　杭帽因杭緞出品優美，故所製品，遂出乎其類，拔乎其萃，各式瓜皮小帽，以保佑坊之天章，清河坊之張允升，為最負盛名。

茶食　杭市茶食以頤香齋為最著，其糕菓食品尤為聞名，五味和冠生園、采芝齋等亦佳，華歐製糖廠自製之果食銷路甚廣，附設之西菜為來杭人士所最稱道。

杭鞋　杭州布底鞋，其製法與其他地方所製者不同，杭製第一墊底之布，均為新布，並無舊布摻入，故經穿耐久。第二所用之杭緞，都屬上品，因之光彩異乎尋常。其餘各種男式女式之皮底單鞋及棉鞋，加工選料，亦都屬上選之品。此中以羊壩頭之爵祿清河坊之邊福茂，皆為數十年老店，四遠馳名，婦孺皆知者也。

油類　石油公司及中國植物油料廠之各種礦物油及植物油，為杭市經營油業中之領袖商。

湖上特產

蓮藕　西湖產蓮，本不著名，惟當細雨霏微，扁舟一葉，穿行荷叢之時，頗啟人幽思也。宋時宮內香遠堂東大池，曾植千葉白蓮，今東大池既已滄海，千葉白蓮，亦成廣陵散，卽金蓮，雙蓮，繡蓮等異珍，亦俱不可得見矣。惟蓮雖不名於西湖，而藕粉則為西湖名產，藕出西湖者，甘脆爽口，區眼者尤佳，其花有紅白二種，白者香而多藕，紅者豔而結蓮。

蕈與蒓　蕈一名菌，多生於谷松竹間，有可食有不可食，誤食不可食者能殺人。康熙仁和縣志載；「有夜光者，煑不熟者，湯照人無影者，俱能殺人，不可食。」又西湖志云；「西湖諸山中，有松花菌，色紅潔可愛，俗名胭坡蕈」，又咸淳志云：「東披與參寥，智泉得黃耳蕈，詩曰：「孝楮忽生黃耳蕈，故人兼致白芽薑」。其大者名淨白名玉覃，最貴，黑者名芳茵，赤者竹菰，皆下品也。

蒓卽蕈，生西湖中春，末夏初，始行採取，西湖三橋望山出蕈菜（見西湖遊覽志餘），初生無葉，名雉尾蕈，又名馬蹄蕈，葉舒長，名絲蕈，至秋則無人採矣。

筍　扶竹筍為今武林山所產，紫桂筍，狸成甲班，縹緗不可勝言，燕筍色紫，苞當燕至時生，故俗名燕筍。豬蹄紅冬月即生，埋頭土中，以鋤掘之，可三寸許，其味極鮮，甲於他筍，其先擢元又名元筍，又名蚤筍。蓋冠諸筍而先出者。

枇杷　枇杷出在杭縣塘棲，西湖所產不多，惟靈隱寺昔時所產者頗有名，靈隱寺大殿下有雙枇杷樹，花實異他所，其實白者為上，黃者次之，無核者名椒子枇杷。

菱芡　菱初生嫩者為沙角，硬者為餛飩，湖中生如栗樣者極鮮，芡又名鷄雍，產西湖者尤勝，然也不多。東坡望湖樓醉書五絕詩云：「烏菱白芡不論錢」，可見昔時所產菱芡之夥，又萬歷錢塘縣志云；芡實香頓而粒大，其名貴可見。

楊梅　西湖所產楊梅確不及蕭山之多，但其品並不在蕭山之下，如石塢，梵天寺，兩山，十八澗，徐村，龍井等處，皆產楊梅地也。石塢產者有紅白二種，早色色最紅，味酸，壙色色紫黑，味甘美，晚色味鬆甜，北山多早南山多晚。

工商介紹

宏大橡膠廠

宏大橡膠廠出品香鑪老牌及無敵牌各種橡膠製品，凡二十餘年，以品質優良，頗博社會人士信仰，茲為便利浙贛皖客商採購起見，特在杭州中山中路（清河坊）自建新廈，設立發行，以該廠出品香鑪牌各式男女套鞋，式樣新穎柔軟舒適，無敵牌各種車胎，齒輪堅韌，儎力宏大，衆口交譽，並為國貨界放一異彩，該廠前途無限，放樂為介紹。

民生橡膠廠

民生橡膠廠開設在上海安遠路六一四號它的出品，有「三鐘牌」的各式套鞋及長統靴，「標準牌」的各式球鞋，最近更創製一種新式的彈性底球鞋，在鞋底內襯有軟性酵素橡皮，而有彈性，不僅柔軟舒適，且在行走時能藉彈性之助，更覺輕捷，很獲體育界和青年們的好評。

民生橡膠廠創設迄今，已有十七年的歷史，總經理是唐和衷先生，廠長兼工程師是張佑民先生，原廠址在上海南市陸家浜，因了戰事關係，遭受損失，被迫搬場。現在安遠路的新廠，已頗具規模，備有打膠車，模型車，鞋幫車，蒸汽缸等大小機器百餘件。廠內劃分為配藥部，蒸缸部，軋料部，製品部，檢驗部，包裝部等各個部分，男女職工，共有八百餘人，每日可出膠鞋二

萬餘雙。行銷區域是很廣的，自京滬、滬杭沿線、以至漢口、青島、天津：北平、東北、台灣、幾於遍及全國。

求益新染織廠

吾國歷受外貨傾銷，以致工業不振，求益新染織廠有鑒於斯，創設新機械，藉以提倡國產布疋，維護工人生計，數年以來，悉心研究，已具規模，勝利以還，擴充範圍，復創第二染織廠，定造新式機械，求出品之精良，供各埠之採辦，監工選料，精益求精，頗為各界贊許。

宏裕綢布莊

宏裕在杭州，該是一家最具攸久歷史的綢布號了，它的創造，還是遠在遜清光緒末年，由徽州人創辦的。抗戰軍興，曾一度遷去皖南屯溪，勝利後始復員東來，然以久離，人事全非，又以房屋糾紛而涉訟半載，此中慘淡過程，現任總經理是煞費了一番心血，該號素抱薄利為主旨，其在上次及金衢一帶，更屬遐邇聞名，且遠及江西。該號人員待人和氣，服務誠懇。致能保持聲譽而歷久不變者在此。可為今日杭市布業中之砥柱。

杭州市信用合作社

杭州唯一的平民金融機構，要首推杭州市信用合作社，該社係仿照德國許爾志式平民銀行的組織，經行一切銀行業務，該社內容充實，業務發達，組織健全，

服務周到，因而信譽卓著，得孚眾望。該社理事會主席
何創夏氏係現任杭市銀錢業公會理事長，總經理為牧錫
璋氏，係合作界前輩，從事合作事業垂二十年如一日，
學驗俱豐，牧氏以終身從事合作自許，堪稱合作專家。
副總經理李惠明氏係金融界先進，孰諳經營技術，平時
研究平民金融頗有心得，年事猶輕，勇於任事，實為辦
理合作金融的理想人物。該社於三十五年七月間開始組
織，正式營業以來僅有一年的歷史，在此短暫時間內，
能有具體的成績表現，實由於該社主持得人，對合作有
深刻的認識，對事業能忠誠工作所致。查該社在浙江全
省境內各城市中，還是第一個都市式的信用合作社，社
員中除少數為社會賢達及經濟名流參加倡導外，大多數
均為普通市民，小工商人及勞動大眾云。

光華火柴廠

　　杭州光華火柴廠，自開辦迄今，已垂四十餘年，
其出品有採蓮、美女、新送子採花等數種牌號，以其品
質優良，價格公道，素為各界所稱道，近年以來，浙皖
贛各地商販均紛紛採購，行銷更廣，營業鼎盛，執杭市
火柴業中之牛耳。

民生藥廠

　　民生藥廠為吾浙唯一之製藥廠，亦為我國著名藥
廠之一。成立於民國十五年，係股份有限公司，曾向
經濟部為公司登記及工廠登記，資本總額為一億五千
萬元。所製民生牌各品，如注射藥，藥片，丸樂，油

膏，坐藥，酊類，流膏等。其特製品如化痰止咳之「安
嗽精」與「安嗽露」，腸胃病之「矽炭銀」，婦科病
之「健美露」，痛風特效之「喜美靈」，脚氣神經炎
及振弱扶衰之「倍利他命」與「維彼命」壞血病及止
血專劑並增加體力抵抗傳染之「維斯命」等，早已膾
炙人口。兼製玻璃儀器，醫藥器械等。醫藥界暨各學
校，咸樂道之。

天吉堂林記國藥號

　　上海天吉堂林記國藥號開設中正南二路七十一
號，特製「腦漏靈」一種，素為各界所稱道，蓋人之腦
居最高部位，職司闡發思想，指揮人體，鼻為呼吸器
官，功專靈敏嗅覺，吸清呼濁，是腦鼻相距最近，其竅
互調，洵為頭部中二大重要器官，且有連繫之關係在
焉，觀夫平人腦部稍罹風寒，輒頭痕鼻塞，卽其明證。
衞生家首先注意於腦者，職是故也，所以稍感外邪，則
鼻部清涕頻流，繼則涕出混濁，甚則腥臭黃厚，此時腦
漏成矣，設再遷延不治，為日旣久，則腦為之虧，思想
減退，頭目暈眩，耳鳴心悸，各事健忘，精神痿靡，百
病叢生，人生之樂趣消失殆盡矣。該堂有鑒及此，發明
腦漏靈，迭經名醫鑒定，認為腦漏聖藥，屢試不爽，爰
介紹如上。

文文金筆廠

　　文文金筆廠創設於民國三十年間，為王文斌先
生獨資經營，現遷址上海北四川路東橫浜路20 號至22

號，增購機械，充實設備。出產普通有C500 號，男用黑桿鋼筆，C600 號男用花桿鋼筆，C700 號男用眞空愛花桿鋼筆，C800 號女用彩色鋼筆五種，高級A300 號二號金筆，A200 號大號金筆及最新型名貴51"型金套飛機金筆，每天出品約百餘打，諸凡全國各大商埠均設有特約經銷處。凡購用該廠金筆者，均附贈保用證一紙，萬一因用久受損或欲整新等情，可直接寄至該廠修理部，憑保用證整新修理，永久免費，添配附件，酌收成本，外埠郵寄該廠亦可。

浙贛鐵路

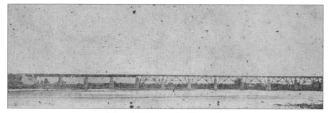

完成通車之金華江橋

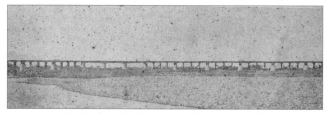

全部重建完成之下山溪十二孔大橋

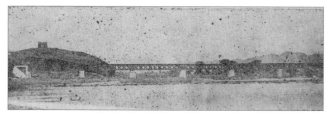

已完成之靈山大橋

浙贛鐵路

輔助工商發展

溝通內地文化

沿線物產富饒

風景幽美

本路經過各大城市：

杭州　諸暨　金華　蘭谿　衢縣　江山　上饒　南昌　九江　淥鄉　醴陵　株州

局址：杭州靜江路二十八號

廣告

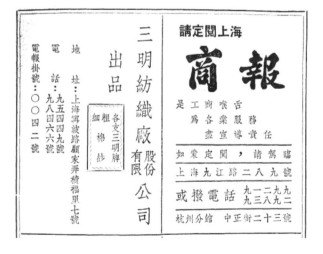

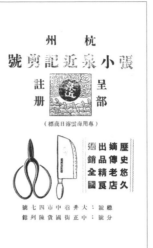

鵝牌棉毛衫

柔軟舒適

衛生衫

絨厚暖熱

上海和五織造廠出品

杭州四十餘年老店

五味和

茶食糖果號

營業兼項目

精製茶食糖果 餅乾麵包

兼售洋酒罐頭 浙江土產

地址：慶春五八六至五八八號
電話：二五五〇轉號

宏裕布莊

具攸久歷史

抱新起精神

專營

綢緞

棉布

呢羢

薄利推銷

歡迎比較

地址清河坊大馬路

電報 電話

二一 六一 五〇 七三

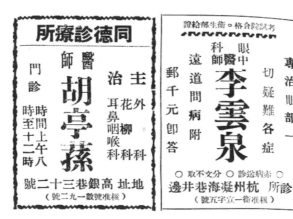

寧波正大火柴公司出品

嫦娥牌
探桑牌 火柴
浙江牌

總公司地址：
寧波江北岸草馬路三號

電話號碼：一〇五五
電報掛號：一〇五五
杭州分公司：
杭州慶春橋義春巷廿四號
電話號碼：二九〇五號轉
一八六九號轉

紅長春

中國武林煙廠出品

20 CIGARETTES

春長綠
TRADE MARK
EVERGREEN
CIGARETTES
WOO LING TOB FAC

杭州中州板兒巷一七四號
電話二五三九
發行所竹齋衖六五號
電話二三四四

備有
美精
禮 頤香齋
劵 茶食糖果號

清泰街
三八五號

中西罐頭
品質精良

四時茶食
蜜餞糖果

精製蘇式
茶食 糖果 蜜餞
經售馳名
應時禮品
各地土產
地址 延齡路

姑蘇
眾芝齋

石氏眼科醫院

歷史

民國十年由石錫祜先生創辦至十六年歸裘伯堙先生繼續辦理先生是浙江公立醫藥專門學校畢業後東渡在日本東京帝國大學專攻眼科歷任浙江病院浙江醫藥專科學校附屬醫院眼科醫師金華福音醫院眼科主任等職設院專治眼科疾病檢查眼底變化施行整形手術設備清潔病房在杭市有相當

本院地址本市法院西首性存路
電話二二二八號

回力牌 膠鞋球鞋
WARRIOR BRAND
正式信記橡膠底出品

浙江產物保險公司

地　　址：中山中路一九五號

電　　話一〇二二二二

電報掛號〇二〇二二

浙江實業銀行

總　　行：上海福州路一二三號

電　　話：一八〇五〇號

電報掛號：三九四七（申）

杭州分行：中山中路二七三號

電　　話：經理室一〇三四號
營業室一八四三號

電報掛號：一三九六（寅）

浙江省銀行

——爲全省人民忠誠服務之金融機構

總行：杭州中山中路一九五號（電話二三二三）

分支行處：浙省各縣市鎮

上海天葆三路八至十號

南京碑亭巷一一三號

匯兌迅速便利　　存款利息優厚

辦理各種貸款　　扶助生產建設

兼辦儲蓄信託　　代理各級公庫

通匯地點　省內：全省各縣暨各重要市鎮

　　　　　省外：江西、福建、廣東、山東、江蘇

　　　　　、台灣等省各縣暨各重要市鎮

（備有詳章承索即奉）

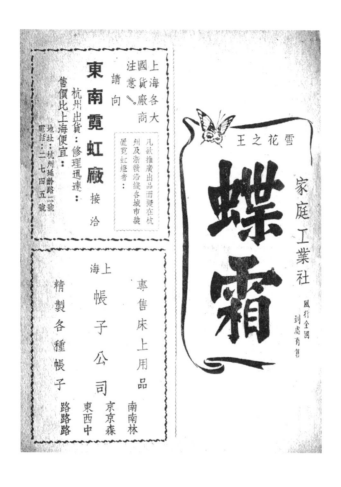

中國近代歷史城市指南

City Guidebooks of Modern China

Hangzhou Section

杭州篇

杭州導遊（1954）

目　錄

書名：杭州導遊

編著者：烏鵬廷

出版地：杭州

出版者：中國旅行社

1953 年 12 月初版

1954 年 5 月三版

風景照片

(1) 風光旖旎的第六公園　　(2) 勞模們遊西湖

(3) 三潭印月

(4) 花港觀魚

(5) 岳廟前的「碧血丹心」
牌坊

(6) 龍井一瞥

(7) 玉泉寺內的「魚樂國」

(8) 上海總工會休養所一角

第一章　人民的公園——杭州

第一章　人民的公園——杭州

甲、杭州發展簡介

　　杭州的西湖是世界聞名的風景區。在唐代以前，還未著名。自從唐李泌鑿通湖流，宋蘇東坡當杭州太守時興築蘇堤以後，便漸漸聞名遠近。這裏曾經二度作過封建帝王的京城：一次是五代時的吳越；一次是南宋時代。由於它在政治地位上的重要，加以西湖秀麗的風景，杭州遂成為人人響往的好地方。

　　我們祖國有兩處園林是全世界最著名的，一處是北京頤和園，一處就是杭州西湖。頤和園的園林建築，氣勢磅礴，富麗堂皇，標誌着東方藝術極高的成就。而西湖多自然景色，建築輕靈樸素，曾經有人將西湖比作古代美人西施的「濃妝淡抹總相宜」，可以想見西湖的景色宜人。西湖的每一建築，每一雕刻，處處都表現了勞動人民無上的技巧和智慧，一塊磚一塊瓦，都是祖國數千年來優秀文化的累積。

　　西湖的景色是很難描繪出來的。因為它並不是靜止的風景，它四季的變化，甚至是一季中的變化都很大，各風景區每一點的風光也各有不同。只有親身體會，才會感受到它的美。它是我們和平幸福生活中的一部分。古代和現在勞動人民的傑出的藝術創造，將永遠為祖國人民和全世界勞動的人們所享受。

　　杭州位在錢塘江下游北岸，五代吳越王錢鏐以

前，一直受着海潮浸蝕。人民生活在封建統治階級的剝削下，原已苦不堪言，再加海潮為災，更苦難重重。錢鏐在此建都後，為了鞏固他封建統治的樞紐所在地，遂下令在錢塘江沿岸，築起長達一百餘里路的一條海塘，堵障錢塘江水，因此，杭州才不再受海潮浸蝕，同時原先瀉濕地區，也變成了良田，豐富了農產物。當時錢鏐這一做法，對促進杭州生產和在奠定杭州以後的地位上是起了一些作用的。到南宋趙構在此建都時，他為了粉刷當時偏安的太平局面，和滿足個人的奢侈生活，大興土木，在此建造了許多宏偉富麗的宮室和寺廟，形成了中國歷史上士大夫享樂生活最腐化、最墮落的一個時期。當時雖曾一度造成畸形的繁榮，但無數勞動人民却因此家破人亡。到滿清時，以杭州為浙江省的省會所在地，稱杭州為府，以杭州附近的仁和、錢塘、富陽、餘杭、臨安、於潛、昌化、海寧等縣屬之。滿清推翻以後，代之而起的軍閥、封建地主、官僚、買辦等將杭州作為私人的花園別墅，達官貴人在此過他們窮奢極侈荒淫無恥的生活，歷年來為了裝飾這個為少數人享受的西湖，杭州人民在苛捐雜稅之外，還擔負了整修西湖的一切費用。在那時，西湖給杭州人民帶來的不是歡樂而是悲痛。

杭州，現在是浙江省政治、經濟、文化的中心，人口六十萬，交通上扼浙江東西交通孔道，滬杭、浙贛兩鐵路交會於此。它的地形像個馬蹄形，北面廣而東南狹。它的四鄰：東隔錢塘江為蕭山；東北沿江以迄海寧；西北沿運河直通杭縣、德清；西抵餘杭；北界建德

接富陽。市區面積，東西二十五公里，南北三十二公里。西湖面積佔六百五十萬平方公尺。全市共劃分為十個區：即上城、中城、下城、拱墅、江干、西湖（以上城區），艮山、筧橋、上塘、古蕩（以上為郊區）。各區現在的情況是上、中城區為商業與住宅區；下城區為手工業和工廠區；西湖區為風景和療養區；拱墅、江干為工廠和航運主要區；艮山、筧橋、上塘、古蕩為農業區。

解放以來，在全市人民的努力下，曾經累贅着杭州人民的西湖改變了，它已經從一個單純消費的風景區逐步地面向生產了，同時已成為全國勞動人民和全世界和平勞動人民遊覽、休養、療養的樂園。杭州人民現在因為西湖的存在而感到驕傲和歡樂了。

西湖的美麗是因為有山有水和一些名勝古蹟的點綴，但從美化整個杭州市和豐富西湖風景上來要求，還是相差很多。杭州市建設局在美化城市的計劃下，以西湖為基礎，正在進行將杭州市佈置成為一個美麗的公園城市。到一九五三年十二月為止，杭州市人民政府在建設公園城市的方針下將全市河流作了疏濬和整理，並整修和新建了一些街道，使市政建設在以「為生產建設服務」的總方針下，更好地向着公園城市發展。

杭州舊城區內共有三條主要河流，一條是中河，一條是東河，一條是浣紗河。這三條河流的水源都賴西湖的水灌注，相匯於內城河後經外城北奔上塘河。三河貫通城區內外數十里，總長一九‧三一公里。浣紗河水

流是從湧金閘起，經延齡路一帶鬧市區和人口稠密的武林路，止於武林門外城河口。中河自閘口龍山閘起至湖墅清河閘止，貫穿上、中、下三城區及湖墅、江干二區，是三大河流中最長的一條河。東河自鬥富橋至壩子橋水門止，是市區直通海寧縣的水路要道，為三河中最大的河流，東北出艮山水門以匯城外諸水，即上塘河可達長安壩，下塘河可至大麻邨，官塘河通奉口，總稱為三塘。

這三條河流有幾十年未經疏濬過，以致壅塞穢濁，吐納不暢，臭氣四溢，嚴重的影響了杭州市民的環境衛生，同時也破壞了市區的整齊。解放後，從一九五一年來，分別對這三條河流進行疏濬，不僅改善了城區環境衛生，同時暢通了南北物資交流和便利了海寧等縣數十萬畝農田的灌溉。疏濬後的浣紗河，綠柳含煙，清流縈碧，點綴了城區風光。五三年起市建設局又決定全市除中河、東河、浣紗河和城外的貼沙河以外，其餘的大小河流都填沒為平地，俾使河流系統統一起來，這一工程現在正進行中。

杭州的大街小巷一共有三百二十一條，總長度有一一六·二八公里，經過整理後，這些過去高低不平的道路，現在都平坦暢通，此外，又新修築與開闢了西山路、江城路、復興路、環城西路、環湖馬路、松岳路、玉古路、武拱路、中山北路等要道，使城區的動脈，可以從南到北，從西到東，車水馬龍地川流不息。

在建設公園城市的另一方面，是將西湖從消費面向生產，祇有這樣，城市的美麗才是健康的，正常

的。解放以來在完成綠化西湖、結合生產的造林計劃方面，到一九五二年底止，已在整個西湖山區栽植了馬尾松、麻櫟等各種苗木共一千萬株，面積達二萬四千四百畝；五三年起，又栽植了三萬五千六百畝地的林木，並實施了封山育林。其中佔地四百八十畝的菓園，估計每年菓品的產量有一萬斤。位於六和塔附近的錢江菓園繁植的五萬八千株菓樹，出產的二十世紀梨、水蜜桃等改良種水菓，價廉物美，供銷滬杭地帶。在龍井附近佔地千畝的茶場，也大量出產「龍井」、「獅峯」等名茶。為了灌漑杭州市北農業區和杭縣、海甯縣沿上塘河一帶約十萬畝的農田，已有三百年沒有疏濬過的西湖，開始疏濬了。這個巨大的工程準備從一九五四年起正式動工，預計要到一九六二年才能全部完工。一九五二年已試驗疏濬完工的有小南湖一帶。完工後除了促進杭州郊區的農產生產外，對調節杭州氣溫和改善杭州公共環境衞生都有很大作用。

　　以西湖為中心，在杭州城區和郊區將有十個公園建築起來。到目前為止，新整修和建築起來的公園有：

一、「柳浪公園」，即原先西湖十景之一的「柳浪聞鶯」舊址，在南山街錢王祠旁，面臨西湖，沿湖遍植楊柳，景色幽靜。公園中有碧綠柔軟的草坪，民族藝術形式的八角形琉璃瓦亭子，另外兩個小型的荷花池，夏天陣陣荷香，清涼爽人。從這裏可以遠眺孤山、三潭印月等名勝。而且離市區很近，是個鬧中取靜的好處所。

二、「人民體育公園」，這是一個以公園為形式，體
　　育場為內容的新型的大公園，目前已經建築完
　　成的有可容納一千人游泳的游泳池。池的面積
　　二千六百平方公尺，成「6」字形，池中央築有
　　圓形噴水台，周圍種滿棕梠、芭蕉等熱帶植物。
　　池內分深水與淺水兩部份，深水池深度二‧五公
　　尺，淺水池深度八公寸。五二年夏就有二十萬人
　　在此歡度炎夏。將來還要建築可容納二十萬人的
　　大廣場和體育館、球場、溜冰場、兒童遊戲場等。

三、「花港觀魚」公園，即原先西湖十景之一的「花
　　港觀魚」舊址，面積有二百畝地大。它的西面和
　　西山休養區接界，東面是蘇堤，北倚裏西湖，南
　　臨小南湖。公園內部除原先「花港觀魚」一些風
　　景外，鄰近的蔣莊、高莊等私人花園別墅，也劃
　　歸在內。為了將「花港觀魚」的特色很好地顯示
　　出來，又將小南湖附近的魚塘擴充為大型魚池。
　　另將西山附近的松林灣改成一個大的牡丹園，小
　　南湖與裏西湖間新闢一條短距離的花港。現第一
　　期工程已於一九五三年四月底完工，公園全景可
　　於年底佈置完竣。現在遊覽者從定香橋進入「花
　　港觀魚」時，已經可以看見嫣紅姹紫，花木扶疏
　　的一片美麗風景。

四、西泠橋畔的「西泠公園」已擴大成為「兒童公
　　園」，孤山私人別墅俞園附近的西泠夜花園現改
　　為公共憩息的公園。

五、湖濱第二、三、四、五公園也已重加整修，舖上

了綠油油的草皮，栽種了各種花木。

除上述各園外，今後還計劃在艮山門外余家坡、崇福寺一帶開闢「王塘公園」；上塘河邊善賢壩一帶開闢「善賢公園」；松木場至艮山門間塘南村一帶開闢「塘南公園」；城隍山、紫陽山一帶開闢「吳山公園」；西山附近開闢「西山公園」；拱宸橋一帶開闢「勞動公園」；萬松嶺、鳳凰山、夕照山周圍開闢「玉皇公園」；清泰門車站附近開闢「清泰公園」；建國南路東南角一帶開闢「建國公園」；靈隱飛來峰附近開闢「岩石公園」。此外，為配合西湖園林建設，計劃在玉泉一帶劃地四千畝設立一個大型的植物園，內分中心標本區、生態區、岩石園、高山植物園、引種園、米丘林園、森林植物標本園、藥用植物園、重要經濟植物園等二個區、七個園。在植物園內部將附設動物園。並計劃在西湖中間的阮公墩上，飼養大量和平白鴿。錢江、雲棲、梅家塢、徐村等地設立菓樹園。使西湖美麗的景色，因這些美麗內容的增添，更瑰麗動人。

保存和整修名勝古蹟，是西湖建設的重要一環，這不僅是為了保持美麗西湖的完整，更重要的是讓人們能認識我們祖先在勞動創造上的光輝成就，和祖國偉大的文化遺蹟。現在已經修葺的有孤處湖心的「三潭印月」，這裏新種植了大樹和綠籬，沿堤種滿了各種夏季花卉，潭的四周遍種荷花、睡蓮，此外還陳列着各色名貴珍奇的金魚，計有龍種、蛋種、文種三大類，供人欣

賞。電廠又以高架電線供給電源，這兒佈置得像莎士比亞「仲夏之夜」似的詩的環境。具有一千六百年以上歷史的靈隱寺大殿，也在改建為鋼筋混凝土的大殿，預計全部工程可以在一九五四年完工。另外靈隱附近的飛來峰、觀音洞的天然洞壑，已初步發掘出來，為了使遊覽者便利參觀，已修築了石砌步道。南屏山麓的淨慈寺也已整修一新，愈加顯出它的莊嚴氣氛。六和塔的殿頂和塔層，原先已破壞不堪，近經重加修建，業已全部完工。湖心亭大殿因棟柱折斷，已改建為琉璃瓦大殿，夕陽西下時從湖濱遠眺，殿頂閃閃發光，景色的幽美，無與倫比。玉皇山和市區內中山中路的鳳凰寺也都整修一新。

西湖正逐步改建為全國勞動人民的休養區。現在已有的休養所計有「秋水山莊」和「九溪別墅」的上海總工會休養所，「南屏山莊」的郵電工人休養所，岳坟附近的「杏花邨」的人民銀行休養所。另外在九里松、丁家山、南屏山麓等地，一幢幢的紅柱赭瓦宮殿式的休養所和療養院正在陸續修建中，不久這一帶將招待來自各個不同工作崗位上的英雄模範。

今後西湖在建築風格上，將分水景、山景兩部份：

水景部份：

西湖，水面和平秀麗，中心情趣以小巧玲瓏，和平明淨為主。以小巧建築物及珍奇的觀賞植物為中心內容。錢江，水面壯闊雄偉，中心情趣以雄奇壯闊，莊嚴崇高為主。以森林及偉大的建築物為中心內容。九溪，

水流活潑婉轉，中心情趣以清新活潑，質樸天然為主。
以高山植物，岩石植物及茅亭、茅舍等林泉建築物為中
心內容。

山景部份：

水邊平地以建立綠地、公園為主，綠地和公園後
方丘陵地及山坡為建築物發展地帶。建築物後方山區背
景地帶為風景林發展地帶，並以玉皇山、吳山、葛嶺、
孤山、丁家山為環湖四周山景的主點，為縱眺全湖的重
點山區。建築物在色彩上要明朗愉快，情調上健康活
潑，布局上廣大明朗，具體式樣以民族風格的「風景式
造園為主」。今後，西湖在按照這個美的法則下建築起
來，它那秀麗的景色將更教人神往。

乙、西湖：勞動人民的休養地

西湖，勞動人民休養、遊覽的勝地，正隨着全國
人民物質、文化生活的不斷高漲，在和平的環境中建設
得更加美麗起來。在景色如畫的裏西湖、葱翠鬱綠的
玉皇山麓、寬闊明朗的西山原野和白浪起伏的錢塘江
畔，我們可以看見一幢幢硃紅樓閣、黃色磚瓦、宮殿
式的休養所和療養院。來自各地的廣大工人、職員同
志們，川流不息地來到這山明水秀的地方，愉快地度
過休養的假期。

中華人民共和國勞動保險條例保障了廣大職工羣
衆的福利。三年來，各級工會組織和企業機關分別撥

出巨款在西湖設立了許多環境優美、設備安適的休養
處所。這些地方過去曾為地主、官僚資產階級過着荒
淫無恥、醉生夢死的生活的場所，如今，在新的年代
裏，這些花園別墅的主人，已是掛着勞動獎章的模範
人物了。

　　裏西湖的私人別墅「秋水山莊」、和官僚資產階
級分子在九溪的別墅，成為上海總工會的第一、第二
休養所；岳坟附近過去專給闊人豪飲的「杏花村」現
在改建為中國人民銀行休養所；南山路「南屏山莊」
的園地，現在也新建起郵電工會休養所的新房。還
有……

　　當朝霞映紅了東方，金色的陽光揭開了湖面輕紗
般的薄霧時，我們時常可以看見一輛輛遊覽車騁馳在
蘇堤、白堤之上；三、五艘遊船輕盈地盪漾在湖面，
或者一隊隊登山涉水的旅行者在集體遊覽，這就是從
各地來到西湖休養的勞動模範、先進工作者和合理化
建議者，在歡度他們的假期。

　　在西湖休養的職工們的生活是舒適、輕鬆和愉快
的：每天除了集體出外遊覽外，還可以在花園小徑中
散散步，在芳草如茵的草坪上唱唱歌、跳跳集體舞、
做做各種遊戲。倦了也可以到文娛室、閱覽室去休息
一下，這裏有無線電、電動留聲機、康樂球、羽毛
球、各種棋類、樂器和各式各樣的圖書畫報。

　　在休養和療養期間，休養費用完全在勞動保險基
金內支付，工人們照常可以領到工資。休養期間的飲
食營養，是經過醫生指導分配的，休養所的工作人員

對休養的職工都照顧得無微不到。所以，每個經過短期休養的職工，都紅光滿臉，精神愉快。

先後到西湖來休養、遊覽過的建設新中國的勞動模範和先進工作者已經有一萬多名了。在這些模範人物中，有參加過「二七」大罷工的老年工人王永祥、計根生，有張家口機務段支前老英雄馬福祥，有全國紡織工人模範杭佩蘭，有東北新記錄運動的旗幟趙國有，有設計白煤車成功的勞動模範工程師張德慶，以及上海馬恒昌式先進生產小組的工人們。許多來到西湖休養過的工人，第一天在潔白、舒適的床上都興奮得睡不着，他們深深地感激毛主席和共產黨的恩情，而懷着新的力量，回到機車廠、紡織機旁和工場裏去，更努力地去進行創造幸福的勞動。

更多的新的休養所和療養院已經開始在美麗的西湖邊建築起來了。新穎的、美麗的休養所工程圖樣和計劃，已經從工程師的手中、建築單位的案台上變成了行動，工人們正在工地上緊張地勞動着。

市人民政府計劃把西山、玉皇山、茅家埠、九溪等四個地區，劃為休養區和療養區，其中以西山休養區面積最大，共達一千二百餘畝，這個休養區東以西山路為界，南至杭富路，西到茅家埠，北到丁家山。市人民政府還將建設一些大、小公園，擴大錢江菓園和花港觀魚等名勝，使整個西湖環境更適宜於勞動人民休養、遊覽。

在蘇堤，遠眺西山區高高的白木架子一處處聳立着，新建房屋的磚牆不斷地在增高。不久後一座座花

園圍繞的休養所就將在這些地方站立起來，而這一片
黃黃的荒野上也將生長起茂盛的花卉和樹木⋯⋯

　　蘇聯詩人吉洪諾夫在遊覽西湖參觀鐵路工人休養
所時曾說過：「我希望在這個風景秀麗的地方，能有
更多的中國工人來休養。」我們充分相信，在毛主席
領導下，人民政府的關懷下，中國人民的生活將日益
幸福。西湖的休養所和療養所，將建築得更多，規模
更巨大，它們將歡迎更多的工人兄弟到西湖來休養、
遊覽。

丙、西湖：和平的象徵

　　清晨，湖水微微地蕩漾着，陽光穿過淡淡的薄
霧，使湖上閃現着無數道金光，幾隻小船從水波上輕
輕划過。濱湖公園裏，母親推着嬰兒車緩緩地走着，
綠草坪上，掛着紅領巾的孩子在唱着、跳着，花壇邊
那個白鬍鬚的老爹，正將一個小蟲從花朵中除去。第
二公園的紀念塔石砌上有的人坐着在讀書，有的人在
看報。塔尖上巨大的「和平」兩字，在晨曦中顯現得
格外清楚。

　　四年來，西湖曾經接待過五十個國家愛好和平
的國際友人。世界各國民主青年的代表，曾經和杭州
的工人、學生在旖旎的西子湖上度過狂歡的夜晚；出
席亞洲及太平洋區域和平會議的各國和平代表，曾被
杭州人民熱烈的歡迎所感動。偉大的和平戰士蘇聯作
家愛倫堡和美洲人民代表詩人聶魯達，曾並肩在垂柳

拂肩的白堤上散過步，捷克人民英雄尤‧伏契克夫人古絲姐和羅馬尼亞七十五歲的老詩人波梁諾夫曾在湖上泛舟遊覽，朝鮮作家李泰俊也到過這兒。到西湖來過的還有蘇聯工會代表團團長謝甫欽科、朝鮮人民訪華代表團團長詩人洪淳哲……等。曾經因為語言的不通，阻礙了杭州人民與國際友人的交談，但這祇是一剎那的事。不久，人們學會了用「和平」兩字來代替一切語言，杭州人民用和平來歡迎朋友，用和平來歡送朋友。對大自然的景色，也許人們的體會不同，但綠色的樹，柔軟的草，鮮艷的花朵，古代雄偉的建築……人類對美的愛好是一樣的。這種寧靜、安謐的生活，也是人們所共同要求的。當杭州人民和國際友人共同浸沉在景色如畫的西湖風光中時，人們對和平的寶貴更加親切了。

從鬥爭中生活過來的人，對生活的感情是比任何人更豐富的。蘇聯工會代表團團長謝甫欽科說過：

> 這座美麗的城市只有在今天，在毛澤東的光輝時代裏，才能將它從少數的地主、官僚資本家手裏奪過來，交給廣大的勞動人民。在勞動人民的愛護和建設下，它將更加美麗……。

朝鮮詩人洪淳哲還為美麗的西湖寫了首詩：

> 勞動人民的鮮血造成的這個樂園裏，
> 在那些曾騎在勞動人民頭上的寄生蟲們坐過的地方，

已經坐上了勞動人民；

千百年來遭受着踐踏的西湖，

已經變成了新中國人民的西湖。

西湖是這樣的為朋友們所讚美和歌頌！

當各國的和平戰士暢遊歸去時，都曾表示要更加加強保衞和平的事業，為全世界建設起更多的、像西湖這樣瑰麗的城市！

第二章　名勝

第二章　名勝

甲、中城區

湖濱

　　湖濱公園濱湖而建、平沙淺草，茂木成蔭，為欣賞湖光山色最方便的地方。滿清時此處為旗人居住處，所以杭州人叫它「旗下營」。辛亥革命後，廢營去城，闢為新市場，並以沿湖城基築路，名為湖濱路。湖濱公園南起教仁街口迤北約里許，分為第一第二……第六六個公園，其中第六公園最大。湖濱二、三、四、五各公園，過去因地勢低窪，春季積水甚多，影響遊覽和花木的成長。一九五一年，市建設局在配合疏浚西浣紗河時，用河泥將公園地基填高，並舖植了草皮，種植了花卉。各公園也經過整理，添植了櫻花、紅梅、楓、柳等觀賞樹木四千餘株。現在沿湖公園已綠草如茵，艷麗如春，其中第三公園起至第四公園止，設有「中蘇友好畫廊」，經常展出各種介紹蘇聯及祖國各地的偉大建設照片。第六公園園內並設有中蘇友好窗、浙江省圖書館流通站、茶室等處所。

　　湖濱紀念物甚多，第一公園教仁街口有一炸彈模型，抗戰勝利後所建。第二公園仁和路口有北伐陣亡將士紀念塔，矗然而立，莊嚴偉大。塔頂上原有炮彈模型，解放後，炮彈模型用板遮去，塔頂上高掛「和平」兩字，塔身有毛主席題字，紅底金字，莊嚴

美麗。第三公園平海街口，為標準鐘塔。第四公園學
士路口為八十八師淞滬抗日陣亡將士紀念塔，塔上一
軍人持槍衝鋒，一軍官手指東面，此為紀念八十八師
與十九路軍，一二八在上海抗日所製，像為美術家劉
開渠傑作，精神奕奕，栩栩如生，憑湖屹立，雄偉非
凡，日寇侵杭時，曾將銅像拆下，抗日勝利後，將銅
像在泥淖中尋出，重行豎立。

　　沿湖各公園都有西湖遊船工會所設的碼頭營業
處。凡遊湖須先按價目牌所示票價買票，然後船工招待
下船。

浣紗河

　　浣紗河、中河、東河為貫穿杭州城區的三條主要
河道。有運輸、排洩雨量和調節市區氣溫的重要作用。
其中浣紗河水流曲折，繞通市區，達十里路長，對市區
環境衛生影響很大。同時市北和海甯一帶農田灌漑均賴
浣紗河放引西湖之水灌漑。河在國民黨統治二十餘年
中，從未疏濬過一次。解放後市建設局自一九五〇年十
月開始，到一九五一年三月底，進行了一次徹底疏濬，
使臭水溝的浣紗河，已變成了整潔美麗的活水道；每當
晨昏之際，散步在河堤綠柳下，俯視綠水長流，精神為
之一爽。

工人文化宮

　　在平海路，是全市十萬工人的學校和樂園。裏
面有文化服務處、康樂球室、圖書室、閱覽室、音樂

戲劇室、美術室、中蘇友誼室、交誼室、美術室以及
小型體育場等設備。每天開放，每星期六舉行週末晚
會，也經常舉辦各種科學技術講座、時事講座、文藝
講座以及歌詠、文藝創作等訓練班來協助各廠開展文
娛體育和生產競賽活動。

中蘇友誼館

　　在惠興路北瑞，硃紅大門，有綠林廣場，環境幽
靜雅緻。友誼館是一座外面民族形式，內部西式的三
層樓房。樓下左邊為大會議室，舉辦有關中蘇友好的
小型座談會、講演會。右面為友誼室，有康樂球、乒
乓球等設備，並可舉行友誼舞會等文娛活動。二樓有
圖書、通俗讀物、報刊閱覽及友協業務等四室。三樓
為俄文學習室。凡各機關、團體、工廠、學校人員均
可憑證章入內活動。（現因修理房屋暫不開放）

乙、湖中區

美化中的西湖

　　西湖從前叫明聖湖，因為在杭州城的西面，所以叫
西湖。也叫錢湖，又叫上湖，但都是過去的名稱了。西
湖面積約一一・五平方公里，周圍三十華里。有外湖、
裏湖、後湖的分別。宋朝天禧（公元 1071 — 1021）時
候，作為放生池，禁止捕魚。

　　解放後，西湖在杭州市人民政府有計劃的整修下
已成為日益美化、四季如春的和平花湖了。她不僅熱

情地接待着建設新中國的廣大勞動人民，並且也迎接着我們遍及全世界的和平友人。

美麗的西湖，綠水漪漣，平靜如鏡，四時適宜泛舟。但三百多年來一直沒有疏濬過，致淤泥塞積，湖水日淺。解放後，杭州市人民政府為調節市區氣溫，美化風景建設，改善郊區農田水利起見，決計加以疏濬。疏濬後，西湖水清如鏡，將更為秀麗了。

斷橋

從湖濱向北走，走過聖塘路，西湖就在眼前。一座朱碧輝煌的亭子，立在有名的「斷橋」的東邊。在「白蛇傳」的神話裏，斷橋這個地名是為大家所熟悉的。每當春雪未消，佇立在橋頭遙望四周景色，宛如瓊林玉樹，「斷橋殘雪」就是因此景得名。現在橋已改築為現代化的鋼筋水泥橋（過去係舊式拱形的石橋），通行汽車。前西湖博覽會開會時，曾於橋旁建築鐵路陳列館，朱欄亭榭，至為壯觀。博覽會結束後，原址又改為導游局問訊處。解放後，重加修葺，橋亭水榭，朱紅一新。浙江圖書館在此設置圖書流通站，供遊人休憩閱覽。

白堤

過斷橋就是白堤。在古代詩人的筆下，「白堤」被稱作「白沙堤」。白堤自斷橋起，經孤山至西泠橋，長約三里許。堤北為裏湖，南為外湖。沿堤遍植桃柳，並有涼亭、花台。堤上的斷橋和錦帶橋，貫通

了外湖和裏湖的水路，遊艇可在堤橋下來去。夏天，裏西湖開滿荷花，紅白相間，殊極鮮艷美麗。

　　一般傳說白堤是唐代杭州太守白居易所築，但實際上並不如此。這條堤是農民為了每年的收穫，怕湖水淺涸，才用自己的勞力將湖泥挖起來，築成了這條美麗的堤。白居易是我國古代一位有名的詩人，他在杭州做刺史（官名）時寫了好些詩，詩中往往寫出人民的疾苦。在杭州十一月的大寒天，他做了一首詩：

> 我有大裘君未見，寬廣和暖如陽春。
> 此裘非繒亦非帛，裁以法度絮以仁。
> 刀尺鈍拙製未畢，出亦不能裹一身。
> 若令在郡得五考，與君展覆杭州人。

　　所以他臨別杭州的時候，人民為了紀念他就將這條堤叫做「白堤」。據說由白居易發起所築的堤，是在錢塘門舊址的北面，由石函橋北至武林門叫「白公堤」。

蘇堤

　　宋朝元祐年間，蘇軾當杭州太守，開濬西湖，把湖泥築成一條長堤，這就是蘇堤。堤長五、六里，中有六道石橋，是裏外湖交通孔道。在壓堤橋南，有一塊石碑，刻着「蘇堤春曉」四字。這六道石橋的名稱都很美麗，依次為映波、鎖瀾、望山、壓堤、束浦、跨虹。春季堤上桃紅柳綠，景色旖旎。（註：束浦橋俗稱

東浦橋，根據這六道橋名稱的含義來看，應是束浦）。

金沙堤

堤西通楊公堤的裏六橋，東與蘇堤的束浦橋縱橫相接，北面是岳廟，南為裏湖，堤闊三丈，長六十三丈。堤半築橋，鑿三洞，遠遠望去形狀如帶。過去橋上建築着一座亭子，稱飛亭，紅色的欄杆，四旁遍植桃柳，晴波倒影，宛如長虹臥空。以前西湖二十四景中的「玉帶晴虹」即指此。堤南現為浙江省立商業學校。堤因近旁為金沙港，故以為名。

西泠橋

西泠橋在孤山的西面，一名西林橋，又稱西陵橋，由此可往北山。在白堤尚未建築時，這裏原為一個渡口。古詩裏的「西林喚渡處」、「船向西陵佳處放」，相傳即指此處。橋旁有蘇小小墓，橋西有秋瑾等墓，橋東有近代文學家蘇曼殊墓。同時橋麓現已拓建一西泠公園，松柏蒼翠，花草宜人。

湖心亭

在外湖中外湖即西湖最大一部份，面積約十二方里，湖北瀕孤山白堤一帶，南迄南屏山，西界蘇堤，東達湖濱。湖心亭在湖西北部，舊亭尚係明代所建。因年久失修，大殿圓柱被白蟻蛀空，搖搖欲墜。自一九五二年八月開始拆建，至五三年四月已全部完工。整修後的湖心亭已變成一座鋼骨水泥、琉璃瓦的亭臺，為湖中景

色增光不少。遊人至此，多登岸眺覽山色湖光。

三潭印月

為湖中三島中最大的一島另二島卽湖心亭、阮公墩。這島是用疏濬西湖的泥砂堆積成的，中間築有池沼，為湖中之湖，四周有堤。池上有九曲石橋，池裏新植了荷花、睡蓮，池心有峰矗立如美人，夏天荷花盛開，風景美麗。島後是「小瀛洲」，再前為迎翠軒。路北側面為卍字亭，可達浙江先賢祠、一寄樓等處。島上現在陳列着各種品種的名貴金魚。島前有三塔，為蘇東坡所立，其狀若瓶。明朝成化年間（公元1487年）被毀。萬歷間（公元1573—1619年）濬湖，重置三塔於現在放生池的外面。每逢月夜，月光映射潭影倒入水中，恍如素女流雲，「三潭印月」的名稱卽由此而來。現在的「三潭印月」在杭州市人民政府積極修建下，已更加美麗。除了修理石塢、加高堤岸外，並增設了花壇花柵，添植了榴花碧桃。重新粉刷油漆了欄杆亭閣。尤其是杭州電廠在「蘇堤」和「三潭印月」間裝置的飛渡湖面的高架電纜，使孤處湖心的「三潭印月」成為「不夜天」，為夜間遊覽的新處所。

阮公墩

在湖心亭的西北，清朝阮元在浙江做巡撫（官名）時，濬湖積土所成。現已種植了大批新柳，並準備在此飼養大批和平白鴿。將來大羣白鴿飛翔湖面的時候，當更增加西湖和平美麗的景色。

紀念塔

為紀念西湖博覽會所建，塔不高，為水泥所造。最初博覽會擬作為噴水池，後以工程困難，乃改築紀念塔。抗日戰爭勝利後，改為我國抗倭名將戚繼光紀念塔。浙江省物資交流大會時，塔上四周圍以五色霓虹燈，塔頂矗立一五角紅星。夜間，照耀全湖，景色頗佳。

丙、孤山區

孤山雄壯美麗，是北山棲霞的支麓，它原先是孤立在湖中的，因此叫它「孤山」。在孤山頂上遠眺，西湖盡在眼底。

孤山各景大部分是勞動人民的雙手建築而成的，從「浙軍克服金陵陣亡將士墓道」起一直到西泠橋邊，都屬孤山的範圍。

在清朝，這裏是「行宮」皇帝們巡游江南時所居住的地方，當時整個孤山是不准一個老百姓進出的。日本法西斯強盜侵佔時期，孤山一帶也被封鎖起來，因為「逸雲寄廬」為日本法西斯軍官所佔住，所以東至斷橋，西至西泠橋，不准中國人民入境。

孤山是杭州文物古蹟集中的勝地，這裏有浙江圖書館、浙江博物館以及西泠印社、西湖書院等。此外祠墓也甚多。此區係陸路，宜步行遊覽。

平湖秋月

　　在白沙堤錦帶橋西首，在湖邊凸出一個平台。亭軒相接，三面臨水，可以總攬全湖。其地原為唐代望湖亭遺址。宋代西湖十景中的平湖秋月，原在蘇堤第三橋之南，清康熙三十八年才移到現址。從亭外的石台上遠眺，晴天，西湖明媚得像面鏡子；在陰雨淒迷或朝露未消時，又像一望無際的海洋。尤其在秋天，月明中天時，月影正對着平台映在湖水上，像一條銀鍊。

中山公園

　　孤山前面便是中山公園。原係清代行宮的一部份，園內亭欄曲屈，花木參差。原先這裏是遊人小憩的地方。一九一一年，改為公園。一九二五年孫中山先生逝世以後，才改名為「中山公園」。內有「浙軍凱旋紀念碑」，係一九三〇年所建造。原先公園進口處有清朝所遺留下來的一個五彩牌坊，彫刻非常精細，抗日戰爭時為日本法西斯強盜所毀壞。

孤山公園

　　孤山公園為新闢的公園，範圍包括整個孤山。山頂有眺台亭閣，山徑迂迴曲折。在山頂雙照亭裏，每月月半可以同時看到月亮和太陽。園中佈置經市人民政府不斷栽培改建，現已稍具規模。一些舊日栽的雜樹都已陸續砍除，另外有計劃的配植了花木，並已增植紅梅五百株，佈置為七大花景之一。同時，已把七星坎、俞園附近的圍牆拆除，鋪上草皮，復在山後林

蔭中開闢游道，添置石桌、石凳，成為遊覽休憩的新處所。

浙江博物館

在中山公園附近，成立於一九二九年；原名西湖博物館，五三年六月改今名。當初建館的目的是為了保存西湖博覽會所留下來的陳列品，隨後逐年擴充，到現在所藏已非常豐富。

陳列品分為歷史文化和自然科學二大部門，其中有很多珍品。如陶器與石器方面：有戰國和晉代的陶器，有宋代有名的龍泉窰，及元、明、清各代的瓷器。這些都可看出我國陶瓷進化過程的大概，特別是杭州古蕩和杭縣良渚所發現的黑陶以及新石器時代的石刀、石簇等，歷史價值更大，為研究祖國古代史異常珍貴的材料。

這裏也有周尊、漢盤等名貴的銅器古物。漢代的噴水魚洗，更是難得的珍品。魚洗是古代的一種銅器，花紋異常精緻，盛滿水後，用手摩擦洗耳，刻在洗裏的銅魚，就會噴出水珠來。遠在古代，我們祖先就知道利用物理學震動的原理，製造這樣的器物了。

博物館不但有蒐集豐富的歷史文化部，自然科學部的內容也很充實。如古生物和無脊椎動物的標本，浙江省特有的三葉蟲化石和魚類化石，產量冠於世界的浙江明礬和氟石標本，浙省名產絲茶產品，揚子鱷魚、雲南孔雀、青海犛牛、南陽蜥蝎、澳洲鴯鶓等動物標本，都是很名貴的。還有一架長達四丈餘的鯨魚

骨骼，亦係稀見之物。

除了這些古物和科學標本外，還陳列了抗戰時期所繳獲的日本的各種武器、飛機等，和浙省的著名土特產：龍井茶、蠶絲、棉麻等物。

文瀾閣

文瀾閣位於浙江博物館內，原來是藏放四庫全書的我國七大書閣之一。閣建造於清乾隆年間，係就當時聖因寺行宮後面的玉蘭堂改建，公元一七八二年（清乾隆四十七年）落成，至今已整整有一百七十一年的歷史了。根據文瀾閣四週發現的琉璃瓦片證明，當時的文瀾閣是按照北京文淵閣格式建造的。文瀾閣曾在一八六一年（清咸豐十一年）清軍鎮壓太平天國革命軍的戰火中被燬，藏書也同時散失。直至公元一八八〇年（清光緒六年），浙江巡撫譚文勤才籌了些款子來重建，次年落成，但並沒有恢復舊觀。散失書籍則由錢塘丁松生（即丁丙）收集了一部份。由於歷代統治階級對祖國文物的不重視，因而文瀾閣重建至今七十多年來，就從來沒有很好進行整修過，以致大部份樑柱已為白蟻蛀蝕，柱身也向東傾斜，有倒坍危險。現在浙江省文化事業管理局為了保護這具有歷史意義的文物古蹟和保障遊客安全，經呈請中央人民政府文化部批准，決定重新修建，以期恢復舊觀。

西泠印社

在朱公祠右，內有寶印山房、山川雨露圖書室、

印泉、文泉、題襟館、斯文窞等處。旁有廣化寺，舊稱孤山寺。寺右有俞樓，又稱小曲園，為清時俞曲園所築。西泠印社是（清光緒三十年）杭州人丁仁、丁上左、吳隱、王壽祺等所創設。內祀清派印祖丁敬身，社內鄉賢亭中所嵌的石像，即為丁敬身像。在小龍泓洞的石像係名畫家吳昌碩像。

西泠印社門牆已拆除，經過整理，現更整齊美觀。一條從岩石上鑿出來的山路，曲折盤旋，通過稀疏的竹林，直到山頂，路邊還盤結着古籐。山頂平地，有樹木花草和石塔石洞。岩上有清咸豐二年（1852）餘姚縣出土的漢光武時代的漢三老忌日碑（公元五十二年，距今一千九百年），是東南最古的石刻，民國初曾為日本人所刼奪，後經贖回。從西泠印社後面可至中山公園。

放鶴亭

在孤山北麓，亭係元朝陳子安所建，現在的亭子是一九一五年所造。據傳宋朝時杭州有個處士叫林和靖的曾在這裏放鶴。林一生喜愛鶴和梅花，有「梅妻鶴子」之稱。孤山原多梅花，解放後又增植了寒梅，是賞梅勝地。放鶴亭的西邊有巢居閣，在此登高一呼，四下迴聲震盪，似有人在四周應聲，即著稱的「空谷傳音」。閣中佳聯很多。林和靖曾在此處手植梅花三百株。放鶴亭的南面是林的墓道，後面有一鶴塚。在此處居住多年的老人，他們都會講一些關於林的美麗的故事。

浙江圖書館

　　館由一八六五年創辦的浙江官書局（以刻印木版書為業務）和一九〇三年創辦的浙江藏書樓合併而成。

　　解放以後，浙江圖書館的新書刊大量增加，現新舊圖書總計已達四十餘萬冊。它分設兩個分館，一在解放路，內特闢兒童閱覽室；一在大學路。此外並在市區設立八個圖書流通站，常舉行小規模的有中心的圖書陳列，以及圖片展覽會。另外還創設了流動書車，載着通俗圖書，配合時事宣傳，在街頭巡迴出動。它現在是長江以南一座巨大的文化倉庫。

浙軍昭忠祠

　　係聖因寺舊址，清帝玄燁於康熙四十四年南巡，以這裏作為行宮。辛亥革命時，浙軍攻克江寧，因此將寺改建專祠，祀陣亡將士。至陣亡將士墓則在孤山路旁。

徐錫麟墓

　　在陣亡將士墓道的西首，是徐錫麟烈士墓。墓前有他的石像。徐錫麟是浙江紹興人，一九〇七年在安慶武備學堂刺死安徽巡撫恩銘，而遭殺害。辛亥革命之後移葬於此。陳伯平、馬宗漢兩烈士亦葬在此。

蘇公祠

　　祠在白公祠旁，祀宋郡守蘇軾（東坡）。蘇軾先後兩度臨杭，他第一次來杭州時，西湖已淤塞十分之

二三，等第二次再來杭時，則已蕪沒一半，遂以二十餘萬人工，開除葑田，恢復西湖舊觀，環三十里，取葑泥築長堤，植柳其上，中有六橋，望如圖畫。所謂「六橋橫絕天漢上，北山始與南屏通」，杭州人遂以蘇堤為名紀念他。

白公祠

祀唐時平民詩人白居易。據傳白在杭州做官時，凡貧民犯了法，他就叫犯法者在西湖種幾株樹，富者犯了法，他就叫犯法者在西湖開葑田數畝。這樣日久以後，湖葑盡拓，樹木成蔭，使西湖增添了不少景色。

廣化寺

在孤山南面。寺中有六一泉，係蘇子瞻為紀念歐陽修而名。

蘇曼殊墓

在孤山後。曼殊俗姓蘇，字玄瑛，很有才能，年輕時即浪遊中外，著有「斷鴻零雁記」、「燕子龕隨筆」等書，三十七歲時死在上海，他的友人把他葬在此地，並建塔紀念。

中山紀念林場

位於孤山西北麓，即為「空谷傳聲」處，原為荒阪，經闢為林場，近年林木蒼翠，頗有亭閣風光。

丁、北山區

錢塘門

過六公園在聖塘路中段，為錢塘門城門舊址，現該處已改為馬路，城門已無遺跡可尋。據武林舊事載：錢塘門外有九曲城，今九曲城址也無處可尋，根據地形，大約在現在的聖塘橋附近。

昭慶寺

為吳越錢王所建，寺中有戒壇、千佛閣、藏經閣、定觀閣、觀音井、看山亭、臥牛石諸勝。與雲林、淨慈、聖因諸寺合稱杭州四大叢林。寺門前原有清蓮池，俗稱放生池，現已填塞，一邊為球場，一邊為通路。昭慶寺歷代毀於火者數次，屢毀屢築。現寺屋一邊為佛教會私立普化小學校舍。

人民體育公園游泳池

在昭慶寺北，彌陀山南，佔地六百多畝。第一期工程先建築游泳池，於一九五一年四月間開工，同年十一月底完成。並於一九五二年六月起開放。游泳池面積為二千六百平方公尺，比以前上海江灣全國運動會場的游泳池大五倍半，每次可容納一千五百人同時游泳。池內分兒童池、成人池及比賽池三部份，池水係引自西湖水，每日掉換一次。游泳池環境優美，四周為碧綠草坪，並種有熱帶植物棕櫚、芭蕉等。除游泳池外，這裏將以三分之二的地方建築體育館，包括各種運動場，如田徑場、足球場、溜冰場、划船場

等。場地與場地間，將有計劃地種植四季的花草樹木。體育館前，並將建築可以容納二十萬人的人民廣場。因範圍廣大，將分期進行建築。

寶石山

一名巨石山，過昭慶寺，沿北山路上，卽至此山。山周圍有十三里。山下為寶稷山，有乳泉、佛足泉。絕頂為寶峯、頓開嶺。寶石山麓有大佛寺，寺中有大石佛一尊。山的東面有彌勒院，彌勒像是宋時釋思淨劖石而成。

保俶塔

「雷峯如老衲，保俶如美人」，係形容南北二塔的形像，可以想見保俶塔的挺秀姿態。相傳此塔為吳越時廷臣吳延爽因吳越王錢俶在宋初入京，久留不返，乃建此塔以祝福遠行的錢俶的平安。塔在寶石山上，因此又名寶石塔。塔原有九級，現在的塔是一九三三年重新拆建的。塔前塔後的圓形大石，稱落星石，一名壽星石或叫萬歲石。右旁有來鳳亭，又稱西爽亭，四周並有看松台、石屏風、巾子峯、屯霞石等。再進有川正洞，中置石榻石几，可供憩息。洞左為石硤，路徑窄狹，僅容一人通行。

葛嶺

從寶石山往西為葛嶺，相傳晉朝葛相洪，幻想長生之術，曾在此鍊丹。嶺上有流丹閣、喜雨亭、頑石

亭、覽燦亭、九轉亭、寶雲亭諸勝，葛仙庵（舊名涵青道院）、鍊丹台隨徑而築，遊者可隨時休息。最高處為初陽台。曾經有人形容從五雲山眺望白堤，那堤好像把湖水劃分為二，詩人們在作詩中有：「長堤劃破全湖水」一句，實際上這景象要從初陽台上望去，才能清楚地領略。當深秋早晨，太陽還未上昇時，登台眺望東北角遠處，可以飽覽日出時的瑰麗的景色。錢塘八景中的「葛嶺朝暾」即指此。現葛嶺一帶遍植白玉蘭，入春一片香雪海，綺麗迷人。

智果寺

大佛寺西為智果寺，有參寥泉。智果寺西有瑪瑙寺，寺前有停鷹石勝跡。佛殿上有巨鐘一口，名長鳴鐘。樂園、林莊等勝景都在寺側。智果寺附近有招賢寺，即玉佛寺，元朝被燬，至清朝初年重建。

蘇小小墓

蘇為錢塘名妓，南齊時人，在封建社會裏是一個被凌辱的女性。相傳蘇的真墓在嘉興，但根據古樂府中有錢塘蘇小小歌的記載，所謂「何處結同心，西陵松柏下」，又好像那蘇墓是在西泠。墓在西泠橋畔，橋為白堤與北山路交會處。佇立橋上望裏湖，夏季一片芙蕖，綠蓋紅裳，清香襲人。

秋瑾墓

在西泠橋側，是辛亥前五年死難的革命烈士秋

瑾之墓。這位女革命者當年的壯烈犧牲，對於辛亥革命的鼓舞是很大的。她在紹興殉難後，遺體由其女友們收葬在這裏，但當時的滿清朝廷，深恐因此刺激民心，激起民變，暗囑其兄出面，遷柩回鄉；一九〇九年又由其子再遷湖南安葬。現在這裏祇留着紀念她的風雨亭了。風雨亭命名的由來，出之於她就義前的遺詩「秋風秋雨愁煞人」一句。秋瑾祠，簡稱秋社，臨湖而築，原為劉果敏公寺改建，現為西湖區第一中心學校址。

陶成章墓

陶成章在清末與徐錫麟等同時從事革命，一九〇八年為陳其美所暗殺。墓地北面的陶社，就是為紀念他所建的。

鳳林寺

寺建於唐朝元和二年，又名定業寺，為名僧鳥巢禪師講經的地方，至明朝重建後才改稱鳳林寺，清同治、光緒年間曾加擴建。寺內有君子泉及明天啟年間所鑄的大鐘。鐘聲的洪亮，為西湖各寺院之冠。寺現為園林管理處工作隊辦公處，寺旁建有鳳林醫院。

曲院風荷

岳王廟前本有麯院（製酒坊），夏日多荷，宋朝時名「麯院風荷」。清朝改「曲院風荷」，構亭於跨虹橋北（即六橋之首）。前時樓閣，早經倒毀，惟剩一

亭碑。現經人民政府整修一新，並已植荷二十畝，作為
西湖七大花景之一。夏日清風徐來，荷香沁人心脾。

岳廟

在棲霞嶺下。是紀念堅決抵抗外族入侵的宋朝
民族英雄岳飛的偉大建築。廟裏有他的坟墓，故又名
岳坟。岳廟前石坊巍然，上題「碧血丹心」，與廟門
的宏偉建築遙遙相對。岳飛生當外族入侵的年代，當
時的皇帝和大地主為了保持自己既得的利益，不惜出
賣民族利益，對南侵的金兵不加抵抗，尋求妥協。而
岳飛堅決主張抵抗侵略，因此遭受到敵人和反動統
治者猜忌，終於偽造了罪狀，將他謀害。時為公元
一一四一年，距今已八百多年，在這漫長的年代裏，
這一代民族英雄是始終受着人民的尊敬。岳廟初建於
宋孝宗時，以後經數次修建，最後一次是一九三三
年，直到解放後才又整修一新。廟內古樹參天，殿宇
巍然，在建築物上處處表現出我們民族不屈精神和勞
動人民的創造天才。除了雕刻精緻的神龕、石碑、石
翁仲及雲龍柱等飾物都具有很大藝術價值外，正殿天
花板上的百鶴圖（實際上有鶴三百七十多隻），隻隻
的姿態不同，栩栩若生，大概是象徵岳飛的氣節和他
的性格，同時也充分表現了我國民族匠人的傑出的繪
畫天才和獨特的創造能力。

廟西側是岳坟。墓原用磚砌，一九三三年敷上了
水泥。墓下的雕龍石脚、墓碑、墓牆和石馬，據說都
是建基時的遺物。墓前並有「精忠柏」的化石，相傳

這柏樹原來生長在岳飛故鄉，岳飛被害後樹也枯死，乃運到這裏來作紀念。他的死竟感動了植物，這當然是神話，但却寄寓着後人對他的深刻的沉痛的悼念。

墓對面是賣國求榮的漢奸秦檜夫婦、万俟卨和張俊的跪像。遊覽者因痛恨這撮奸臣賊子的賣國行為，嘗以吐唾沫、投石子在跪像上以洩恨，年長日久，鑄像漸漸剝蝕，自明正德建立迄今，已經數次改鑄。

岳飛墓旁有其子岳雲之墓。

金沙港

在岳湖側面，一名靈隱浦，以在南北兩峰之間，因又名兩峰澗。沙作黃金色，又稱金溪。

棲霞嶺

從葛嶺西下初陽台，即到棲霞嶺，嶺又名履泰山。相傳棲霞嶺上多桃花，每當春暖花開，色如凝霞，故名棲霞。現桃花不多，但樹木森森葱蘢鬱翠的風景，仍足戀人。上有桃溪、烏石塢。

棲霞洞

在嶺巔妙智寺內。洞內陰寒澈骨，適宜夏天遊覽，近年來因山石崩塌，洞內封閉，暫不開放。

紫雲洞

在妙智寺附近。棲霞五洞以此洞最為奇特。洞外有門，洞口是觀音大士殿，沿殿側的石階，走下二十

多級，即寬敞宛如廳堂。洞中刻着觀音石像。另一邊是峻削的岩壁，岩壁的顏色稍帶紫色，看去如像暮雲，紫雲洞名就由此而來。沿石壁再下，又有一洞，面積也相當寬廣，同樣刻着佛像，一端有清泉，方約三尺，名七寶泉。洞內陰涼，適宜避暑。附近有牛皋的墓道。

金鼓洞

在棲霞嶺北。洞口寬廣而不深。傳說古人在此採石，突然聽到金鼓聲響，才停止採伐。這個美麗的神話，說明了這洞是人工開鑿的。洞前有觀音閣，洞側有金果泉。

黃龍洞

沿金鼓洞下坡即至黃龍洞。黃龍洞又名無門洞。宋淳祐年間的慧開和尚曾在此住過，慧開字無門，因以無門為名。洞本不甚深，近來加以開鑿，顯得幽邃多了。外面有道院，迴廊亭閣，結構優美，近已油漆一新。洞前有人工雕刻的龍頭，泉水經龍頭下注水池，很是別緻。黃龍洞上有臥雲洞，據說這是真正的黃龍洞。

蝙蝠洞

在金鼓洞東北，僅二個山壁夾立而成，洞內相當寬廣，每到夏天，洞內蝙蝠集居。因為鄰旁沒有廟宇，所以遊者較少。

古劍關

在棲霞嶺上。因寶雲、仙姑兩山夾峙，儼若劍門，故名古劍關。仙姑山又稱東山，在棲霞和靈隱二山之間。西南為集慶山，山下有宋岳飛部將張憲墓。

玉泉

在仙姑山北青芝塢口清漣寺口。清漣寺原名淨空禪院，以玉泉而著名，所以又稱玉泉寺。清漣寺初建於南齊之間，燬於元末，明宣德年間重建。

玉泉在清漣寺裏面，是一泓從地下湧出的泉水，色碧如玉，後經人工改建為長方形的水池，長約四丈，闊約二丈，正中聳立一個小山塔。池中養有許多五顏六色大小不同的魚，唼尾而遊，怡然自樂。有明朝董其昌題「魚樂國」三字。池後有珍珠泉，水色透明。在池邊用腳一蹬，振動池底，水泡隨卽上湧，一串串地，絕似珍珠。寺內還有「晴空細雨池」，水清苔綠，據說由於泉眼下通，陽光照在水面，好似濛濛細雨。

玉泉游泳池在玉泉寺前面，環境優美，四周舖植草皮，佈置有鐵樹、棕櫚等熱帶植物和荷花盆景，池水係引用玉泉泉水，所以清涼爽人，富有礦物質。在彌陀山人民游泳池未開闢前，此地為杭州唯一的游泳場所。現夏季每逢假日，游泳者也甚眾多，有市交通公司公共車可直達玉泉山門口，步行半里路卽到達。

卍字草堂

去玉泉道上可以望見一座屋子，原是甯波人盧鴻

滄的別墅。

堂內有用玻璃作頂的圓閣，四壁繪着許多佛經的
故事畫，閣名叫「極樂閣」，是杭州佛寺中也不多見
的帶宗教的壁畫。草堂附近（地名東山衖）有宋朝抗
金名將張憲墓。

靈峯寺

在靈峯山麓，青芝塢後。舊名鷲峯禪寺。係晉開
運間吳越王所建，宋時改稱今名。清道光年間大加整
修。寺內有眠雲室、客碧軒諸舊觀，寺右有掬月泉、
羅漢廊和來鶴亭。靈峯過去多梅，後漸凋殘，解放後
又在四周補植紅梅數百枝，因地勢較高，故放蕊獨
早，花盛開時，清芬冷艷，柔香襲人。近年來往靈峯
探梅的人不亞於孤山。

九里松濤

自洪春橋起至靈隱九里松止，全長九里。唐開元
刺史（官名）袁仁敬在路兩旁各隔三步植松一枝，至
松長成後，從遠處望去，密密層層，一片葱翠之色，
風吹時似濤聲，日久遂以「九里松濤」出名。惜於抗
戰時被日寇砍伐殆盡。九里松舊有宋朝韓蘄王別業斑
衣園，現舊址已無從尋訪。近旁又有集慶寺，係宋朝
理宗皇帝為他的貴妃閻氏所築，當時寺的規模不亞於
靈隱，故又名「賽靈隱」。寺早已傾圮，原址現為西
湖林場。

雙峯插雲

　　南北兩高峯相隔十餘里，中間層巒疊嶂，蜿蜒盤踞，雲層低時，山峯高出雲表，狀如兩峯插在雲中，故以「雙峯插雲」名之。洪春橋側有亭子，中置清帝玄燁（康熙）所題的「雙峯插雲」的碑石。亭旁新闢草坪，種植了各種花卉樹木，供遊人小憩。

靈隱寺

　　卽雲林禪寺，是杭州四大叢林中最大的一座寺宇。寺建於一千六百多年以前的晉朝咸和元年。唐、五代時靈隱寺有九樓十八閣、七十三殿，僧衆三千多人。歷年來，寺宇屢經兵火災害，致古代建築存留甚少。現在還留剩在寺裏的有唐代的石砌經塔，五代、元、明的石刻佛像與宋朝的木刻佛陀，仍為祖國珍貴的文物。

　　寺中有覺皇殿、直指堂、輪藏閣、大樹堂、尚鑑堂、聯燈閣、玉樹林、紫竹林、萬竹林諸勝。寺左原有羅漢堂，內供五百羅漢及濟顛僧像，面貌形狀各不相同，為我國古代彫刻藝術的精華，惜於公元一九三六年燬於火。靈隱山門有「咫尺西天」四字額。大雄寶殿因年久失修，正中棟樑於一九四九年七月一日突然倒塌，第二排正中圓形巨柱，以屋頂塌下，失去重心，向內橫倒，以致殿中釋迦佛兩尊全毀。人民政府為保存古代文化藝術，於一九五一年成立了靈隱寺修理委員會，進行修復工作，一九五二年七月開工，準備改築為鋼筋混凝土的永久性的大殿。全部工程預計一九五四年可以完成。

飛來峯

湖上諸峯以飛來峯為第一。峯石高五十餘丈，本稱「靈鷲」。峯下古樹參天，氣象萬千。循此至冷泉亭一帶，澗水溜玉，畫壁流青，尤為山水之勝。峯前有春淙、冷泉、壑雷、翠微諸亭。飛來峯全部為岩石，中空外峭，玲瓏磊奇。[1]

解放後，飛來峯經過整理修築，比前更優美了。過去飛來峯許多圮坍埋塞的天然洞壑，現在經過初步發掘，已整理出的有螺螄、千里等洞壑。在新發掘的洞穴內現都舖砌了石子小路，開了排水溝，種植了花卉，沿飛來峯山上山下也都修築了石砌步道。園林管理處并根據飛來峯景色的特點，在峯石陰縫間種植了四萬株蘭花和萬株以上的杜鵑花，使早春時，杜鵑映紅，深秋時，幽蘭吐香。其次飛來峯前的靈隱溪，現在也進行了疏濬，修砌了石壩。冷泉池上的石壩，現已整修為一道五公尺餘長的瀑布，在冷泉亭前並重新開掘了冷泉池，把掩埋了幾十年的冷泉名勝也發掘了出來。在一池清水中，現在可以看見冷泉像沸騰的滾水一樣，噴湧而出。

杭州市人民政府除了計劃在飛來峯開闢一「岩石公園」外，並已決定在峯前建設一個二十餘畝廣的「小憩園」，工程業已開始。現飛來峯風景還在繼續整理建設，各種天然洞壑將繼續發掘整理，同時，還

---

1 註：關於飛來峯岩洞，另見附錄二。

準備將呼猿洞附近掩埋的溫泉也發掘出來。明天的飛來峯將建設得更美，成為遊覽休憩的勝地。

北高峯

峯在靈隱寺後，高三一三公尺，上峯時步一千級以上石磴，須經過三十六灣。峯頂有靈順廟，俗稱華光廟，又名五福廟，建於宋朝。廟後有平台，台前有千年石。原有的七級浮屠，已廢。峯後有天門山。

韜光寺

在北高峯峯腰，可由靈隱寺盤旋而上，約三里許到巢枸隖地方卽是。寺建於五代，原名廣岩院。但在此以前一百多年，已有詩僧韜光來這裏住過，和那時的杭州刺史白居易作詩唱和，因此宋以後就改稱韜光寺了。過去沿途多竹，淪陷時全為日寇砍去，現已重植。昔有「樓觀滄海日，門對浙江潮」之句，形容此地景色。寺頂有石樓，正對錢江，江盡為海，故有「韜光觀海」之稱。從靈隱到此，路上流泉清徹曲折，水聲淙淙不絕。

三天竺

自靈隱至天門，周圍數十里，都稱為天竺山。從山麓至山頂沿途有上、中、下三寺。下天竺離靈隱最近，又稱法鏡寺，寺後有金佛洞、三生石、蓮花泉、瓔珞泉。所有巖泉，皆嵌空玲瓏，甚為奇觀。中天竺在稽留峯北，自下天竺南行約一里許卽至，又稱法淨

寺，俗稱二天竺，有額曰「靈竺慈緣」。寺後藏經閣燬於一九四七年，被燬經文中有不少係名貴的文化歷史。中天竺寺東北有楓木塢。寺西有中印峯，隋開皇間，西僧寶掌入定於中天竺寺，寶掌乃西域五印度的中印人，故名其地為中印峯。由法淨寺西南行二里許至上天竺，過去此處香火獨盛，俗稱「佛國」。寺後殿額曰「寶院飛觀」，並有肅儀亭、經幢、白雲堂等。

　　天竺建築可與靈隱相比，都有一千六百年的歷史。去天竺有二道：一由靈隱前山去天竺道上，為石板大道，沿途澗水淙淙，山巒環抱，兩旁多青竹，幽靜非常。另一路由靈隱後面經法雲弄直上楓樹嶺、中印峯，係至下天竺的捷徑，此處從前楓葉滿徑，霜葉紅於二月花時，遊人載歸，別有情趣。由下天竺可上幽淙嶺，郎當嶺上有天門山、為南北二山的分界處，從嶺東可達龍井，南可達五雲山。

　　上天竺附近尚有乳竇峰（下有玄巖，懸乳如脂）、白雲峰、雙檜峰、幽淙峰、雲隱塢等諸名山。

戊、南山區

湧金門

　　湧金門位於錢塘、清波二城門間，城牆未拆前，遊覽者都出此門遊玩西湖，當年沿城一帶曾盛極一時。自錢塘門改為西湖大門以後，舊日熙攘情景，遂不復再見。湧金門附近有澄廬，現為兒童保育院（謝絕參觀），院內多各種花木，面臨西湖，景色幽美。

舊湧金門旁有湧金池，築於吳越時代，係引西湖水入
城，以此為蓄注。池旁有金華將軍廟，據傳後唐時曹
杲在杭州做官，開湧金池以防西湖水氾濫，附近羣衆
為紀念他的功勞，遂在此建廟祭祀。湧金門外有問水
亭，俗稱聽水亭，現為遊船停靠處。

柳浪聞鶯

為西湖十景之一，原址係南宋時聚景園舊址，
四週樹木扶疏，水波蕩漾，景色幽靜。此處多垂柳，
有風時柳枝隨風擺動，遠遠望去似起伏的波浪，故以
「柳浪聞鶯」為名。杭州淪陷時為日寇軍事禁戒區，
樹木被毀壞殆盡。一直到解放時，這裏還是荒草萋
萋，垃圾成堆。解放後，人民政府在此開闢佔地三十
畝的「柳浪聞鶯」公園。沿湖遍植垂柳、碧桃，湖裏
種植紅白荷花，兩個原有池塘也改種荷花，飼養了金
魚。在綠草坪中並新建了一座八角形的琉璃瓦涼亭。
園內裝有電燈，夜間亦可遊覽。

錢王祠

舊名表忠觀，祀武肅王錢鏐。祠前有石坊，名「功
德坊」。臨湖平堤，柳絲垂拂，殿宇宏偉，景色至為
佳麗。祠內有蘇軾所書的表忠觀石碑八塊，因年久碑
上字跡湮沒，並多折斷，現在所豎立的全文八幅，是
後人易石摹刻的。祠於一九二五年新修。現不開放。

清波門

俗稱暗門，現無舊城遺跡，旁有清波橋，天方先哲卜合堤格氏墓築於此，此墓係當時拆清波門城牆時所發現，由隴右馬福祥捐金建成。墓作半圓形，以鐵柵圍之。供人憑弔。

南屏山

一名佛國山，在清波門外，峰巒聳秀，怪石玲瓏，峻壁橫披，宛若屏障。山高四十餘丈，上頂慧日峰。峰下有歡喜岩，兩石對立若老翁，其一頭上像一頂笠帽。

淨慈寺

在南屏山麓，原名慧日永明院，築於五代時周顯德元年（公元九五四年），係錢王宏俶修建。寺屢建屢燬，明正統朝，僧宗妙復建。人民政府為保存古代建築，保存勞動人民光輝的建築藝術，於一九五二年秋間始整修，現已完工。全寺氣象，煥然一新。寺內有羅漢堂、濟祖殿（供濟公活佛）。這位被民間傳稱為「瘋子」的窮苦和尚，性情耿直，敢說敢罵，佛教戒律也不能約束他。因為他專替人抱打不平，所以深得民間好感。寺內神運井，俗稱運木古井，有着關於他的一個美麗神話。據說當年淨慈寺刧後重建，缺少木材，長老和他商量，他就喝得爛醉，將募化木材，由此井中源源運來，寺落成後餘木尚存井中云云。寺前有萬工池，及「南屏晚鐘」碑亭，山光霞影，鐘聲

悠遠，景色清幽。寺後有蓮花洞，其西為小有天園。附近有淨寺塔院，為淨慈寺第一代住持唐永明禪師的舍利塔。

南屏晚鐘

是西湖十景之一，在淨慈寺萬工池旁（池南宋時開鑿）。清帝玄燁（康熙），曾把「雷峯夕照」改為「雷峯西照」，把這裏改為「南屏曉鐘」。原因是滿清「開國」不久，封建帝王不願意聽到「夕」、「晚」之類「不吉」的字眼，同時也顯顯封建帝王的威風，以為自己的權力真是無所不包，無所不在。但老百姓却不買這個賬，仍然管叫「雷峯夕照」、「南屏晚鐘」。

雷峯

在淨慈寺北，或稱回峯。傳當時有一雷姓者在此築菴居住，因此名「雷峯」；另一傳說宋朝有徐立之其人住此，徐號回峯先生，因回雷兩字讀音相似，而小篆的回字寫法似雷字，遂誤為「雷峯」。

雷峯塔遺址

在雷峯的右峯。塔為吳越王王妃黃氏所建，故又名黃妃塔，原與保俶塔同稱湖上兩浮屠。塔古色古香，每當夕陽西下時，塔影橫空的景色，幽美動人，故有「雷峯夕照」之稱。塔傾圮於一九二四年九月，自建塔至崩塔計為九百五十年。雷峯塔先為十三層，後改為七層，最後僅存五層八面。塔初建時重簷飛

棟，窗戶洞達，可以登臨，後毀於火，於是不能復
登，而甎色盡變為赭色，益覺蒼老突兀。塔內砌石刻
「華嚴經」，一部份塔磚中還藏有宋初木刻的「陀羅
尼經」，為研究我國雕板印刷史上的寶貴資料。

提起雷峰塔，不禁使人想到神話「白蛇傳」。稱
說那個由白蛇變成的女人，就是被法海和尚禁閉在雷
峰塔裏。這個傳說，充分說明了在封建社會裏，女人
沒有戀愛自由，而男人如許宣之流，却有玩弄女性的
自由。玩厭了，就把女人罵為蛇，請法海和尚（封建
統治的代表人）用雷峰塔（封建道德的象徵）把她禁
錮起來。但是，這座雷峰塔終於在一九二四年九月倒
塌了。當時魯迅先生聽到這個消息，就歡呼道：「他
居然倒掉了，則普天之下的人民，其欣喜為何如。」
但是，幾千年來壓迫婦女的封建道德並不是「自覺自
願」地垮台的，而是醒覺了的先進婦女們前仆後繼地
把它鬥倒的。

白雲庵

在雷峰西，靠山臨湖，風景頗佳。原名漪園，公
元一九四八年由僧白雲上人募建。庵右面就是月下老
人祠，公元一九四八年改建為新式廣廳。

張蒼水祠

在南屏山麓太子灣前。祠中奉祀的是明朝東閣大
學士兼兵部尚書張煌言。張為民族英雄，浙江鄞縣人。
明亡時與鄭成功同謀恢復明朝，曾和滿清作了二十年

的游擊戰，最後兵敗不屈而死。祠廟佔地甚大，夾道
均為杉樹、檜樹，環境幽靜。祠前有南冷亭。

花港觀魚

　　為西湖十景之一。在映波、鎖瀾二橋間。以通
花家山，故名花港。最初池中蓄異魚數十種，杭州淪
陷時為日寇捕食。解放後，經人民政府初步整理，添
植了花草，飼養了金魚，才慢慢的恢復舊觀。但因規
模太小，不能滿足廣大勞動人民遊覽需要。故已決定
把此風景點擴建為規模較大的公園，面積將從原來的
三、四畝地擴大到二百畝。西與西山休養區接界，東
靠蘇堤，北倚裏湖，南臨小南湖。公園內部包括蔣
莊、高莊等私人花園別墅。並根據「花港觀魚」的特
色，將小南湖附近魚塘闢為大型魚池，將西山附近松
林灣改為牡丹園，同時將在小南湖與裏西湖間闢一條花
港，使「花港觀魚」名符其實。擴建工程第一期已完
成，已有五十畝地鋪上了草皮，鋪設了水泥路徑，種植
了櫻花、紫籐、石竹、雪松、龍柏等樹木花草，景象
已煥然一新了。

劉莊

　　蘇堤兩旁有許多別墅，如高莊、蔣莊、宋莊、唐
莊、劉莊等。高莊已毀，遺址已與蔣莊併入花港觀魚
公園。其餘各莊以劉莊為最大最富麗。劉莊係清光緒
時粵人劉學詢所建，莊內有望山樓、夢香閣、湖山春
曉等勝景，大有水雲深處之感。莊內陳設華麗，有故

宮的琉璃燈及擺設，桌椅等均為紅木、檀木或大理石築成。窗上的玻璃，有紅、藍、綠各種美麗的顏色，上面燒刻着古代錢幣的圖案。這些雕欄畫閣和珍貴陳設，充分表現了中國民族匠人的傑出的雕刻天才和獨特的創造能力。莊內有劉學詢和他的八位姨太太共葬的大墓，反映了當時買辦階級的荒淫奢侈生活。解放後劉莊曾一度作為上海鐵路局職工休養所。

方家峪

在南屏山南，可通梯雲、慈雲二嶺。過梯雲嶺，可出大慈山。從慈雲嶺可達江干。方家峪西南有華津洞。

赤山

山土赤色，故名。與定香橋相近處名赤山埠。水曲折處名浴鵠灣。赤山與玉岑山間有惠因澗、法雲講寺。法雲講寺建築於吳越王時。惠因澗旁有鐵窗櫺洞，相傳洞中嘗有蛟龍出入，人畏之，乃鑄鐵窗櫺，嵌於石槽以拒之。水自窗櫺出，折入西湖，六月間水涼如冰。赤山後面有筲箕泉。

玉皇山

在西湖與錢塘江間，高達二四六・八公尺，站在山巔望江湖，萬谷千景都在眼底。山上林木茂盛，春季櫻花開時，襯着一片雲海，尤稱勝景。山腰有紫來洞，原名飛龍洞，為紫東道人所開。洞內有洞，深邃幽奇，

為西湖各洞之冠。半山為慈雲嶺，有慈雲道院。山頂的福星觀從前是西湖道教第一勝地，現在部份房屋，已改建一新，開設玉皇旅館，環境幽靜，適宜休養。

觀內名勝有白玉蟾井，是宋代遺物。還有日月池、天一池。天一池原是一座花園，四時花木，此謝彼開，從不間斷。抗戰後因乏人整理，只剩下一座三丈多深的水池。

紫來洞上有七星亭，亭前七隻鐵缸，俗名七星缸，清雍正年鑄造。據傳杭州多火災，星象家們認為玉皇山是「離龍之祖」，乃鑄七缸，缸裏盛滿水，仿北斗七星地位排列，取「用坎制離」的意思。這自然是種迷信。抗日戰爭時，日本法西斯強盜想把這七隻缸搬走，後來因為太笨重，沒有搬成，但七隻缸的地位却被移動了，不再像北斗七星的樣子。

在山上還可以看到山下的「八卦田」，據舊時幽賞錄誌：「宋之籍田，以八卦爻畫溝畦，圈布成象」，可見這是宋朝的遺物了。「籍田」據古書所載是皇帝親自耕種的田，漢書上有「其開籍田，朕（即皇帝自稱）親率耕」。皇帝親自耕田，當然只是欺騙，其實不過叫老百姓更多地流汗，讓他更多地剝削罷了。

山南麓還有一坎石壁，刻着大大小小的十多尊佛像。旁邊有一塊碑，隱約可辨出「宋仁宗……」等字樣。這些石像，是刻在宋朝以前的五代時候。雖然石像已有破損，但從衣褶、頭像以及石壁上的浮雕看來，都是異常精美。山後有一觀音洞，是新近發掘整理出來的。這些都是我們寶貴的文化遺產。

石屋洞

　　進四眼井即到石屋洞。洞在石屋嶺下的大仁寺內。石壁上有「湖南第一洞天」六字（指西湖之南）。寺前有大乘妙法蓮華經塔，上刻全部「法華經普門品」。洞較煙霞洞虛朗，洞壁上舊鐫小羅漢五百十六身，可是頭部已有部份毀去，洞後一穴，上寬下窄，其盡處形狀如螺，上題「滄海浮螺」。洞口有「青蛙吐水」古蹟，刻得很逼真。石屋洞上還有乾坤洞。

滿覺隴

　　一名滿家弄，離石屋洞有半里路。地原多桂樹，有「金雪」之稱，惟在杭州臨陷時砍伐殆盡。現人民政府根據該地原有特色，增植大批桂樹，作為西湖七大花景之一。桂花盛開時，香聞數里。滿覺隴盛產着桂花栗子和桂花糖。桂花糖已由滿覺隴農民互助組作為副業生產，大量供應遊客，每包一千元，價廉物美。

烟霞洞

　　石屋嶺西有烟霞嶺，嶺上有烟霞洞。洞內有羅漢石像十八尊。據說那「手底板朝天」、「脚底板朝天」的六尊，是晉代石刻佛像，其他十二尊是吳越錢王補刻的。洞後有清修寺，舊稱烟霞寺，寺因年久失修，已傾圮。洞前以石作門，有「仙巖」二字。入門有蘇東坡像，題有「蘇龕」二字。上有高閣名「呼高」。又有象鼻石、佛石巖、石羅漢等古跡。洞上有聯峰，廣高各數丈。此洞係晉朝一僧名彌洪者在洞口築屋時

發現，湖中諸洞，以此洞最幽古。在烟霞、石屋間並有淨梵寺。三面環山，四圍繞竹，極幽靜。

水樂洞

在烟霞嶺下，巖石盤峙，洞壑虛窈。洞中有泉水，味清甘，水流時聲如金石。洞口有隸書「清响」二字。此洞為夏天避暑勝地。水樂洞左有點石庵，又稱水樂寺。寺中有一缸，初嵌於岩石內，日久以後，因岩石風化，遂缸石不分，故又名「萬年缸」。

南高峯

據前浙江省道局測量峰高三百〇二公尺，與北高峰對峙。峰上原有七級石塔，年久早廢。嶺下有天池洞，右有千人洞、無門洞；千人洞的洞口僅六尺，漸進漸廣，可容千人。峰頂有榮國寺、先照壇、最上庵。從千人峰上俯視錢江，面臨西湖，山勢險峻。峰上有鉢盂潭、穎川泉，均大旱不涸，大雨不盈。旁有五老峰，俗稱老虎洞，相傳有虎穴。峰北麓有留餘山居，一名白天窩樓。附近有聽泉亭，旁有瀑布泉。

三臺山

為南高峯近支，在小麥嶺西南，東為五岑、赤山，三峯並峙，俗稱中台、左台、右台。其次有穎秀塢、法相寺、定光庵、六通寺、華巖寺、于公祠等古跡。六通寺為吳越王所建。

虎跑寺

　　過四眼井到大慈山卽是定慧寺。內有虎跑泉，故亦名虎跑寺。此寺為唐代高價環中始建。關於虎跑二字的來源，當地一直流傳着一段離奇的神話，但都屬於迷信，自然是不可靠的。泉水甘冽清涼，泉質較錫山泉為厚，放百錢而泉水不溢，因此得名。寺中本有三口井，今已改為二池，均可取泉。上面一井，較深廣，用以泡龍井茶葉，茶味極佳，俗語所謂「龍井茶葉虎跑水」卽指此。寺外宏壯的山門，係前清光緒中僧品照所募建。寺後有滴翠軒。寺右有濟祖廟，內有濟祖塔院。再南行里許為樵歌嶺，有珍珠寺，寺中有真珠泉，泉水也很有名。定慧寺北並有甘露寺，內有甘露泉，為虎跑餘脈，水頗清冽。

西山休養區

　　西山休養區包括丁家山、花家山、大麥嶺、小麥嶺、風篁嶺等山，面積達一千二百餘畝。人民政府為了便利杭州至富陽、餘杭間的交通，以及由城區至休養區交通，新闢了西山路，現在在這裏建造的有幾個休養所，不久一幢幢的花園圍繞的休養所就將在這些地方矗立起來。同時在西山休養區前面臨西裏湖，和西山馬路一帶，將計劃開闢一個三千畝地的「西山公園」，以供休養者休息遊覽。

龍井

　　在風篁嶺下。風皇嶺林壑深沉，風韻清凄。自龍

井而下，泉水四時不絕。嶺下有沙盆塢，嶺上有「一片雲石」、「過谿亭」等古跡。龍井有一千多年的歷史，龍井寺本稱延恩衍慶寺，後改報國看經院，宋時又稱壽聖廣福院，今仍以龍井寺為名。寺旁飛瀑傾瀉，澗的對面有八角亭，可坐以觀瀑，左為聽泉亭，井旁有神運石，高約五、六尺，形狀奇怪突兀，好像一條遊龍。俗稱龍井八景：即指過谿亭、滌心沼、一片雲、風篁嶺、方圓庵、龍泓澗、神運石、翠峰閣等八處。

龍井有裏龍井與外龍井的分別，嶺前為裏龍井，過嶺為外龍井（又稱老龍井），均為杭州著名產茶區。目前龍井茶葉生產已經有計劃、有領導地在發展，人民政府並在龍井設立地方國營龍井茶場，新開闢茶山一百餘畝，領導改進技術，提高品質，減低成本。龍井村農民也已成立了互助組，組織起來擴充茶地。現龍井村附近已是一片新茶園，每當穀雨清明前後，農家婦女都組織了採茶隊在四山採茶。為了免除中間剝削，龍井還有供銷合作社的組織，實行自製、自運、自銷。外龍井附近天馬山、獅子峰，也是產茶區。峰旁過天竺路，為楊梅塢，有彌陀興福院。

九溪十八澗

在龍井南面，起源於楊梅嶺的楊梅塢，次第匯合青龍、灰窰、文堂、宏法、豬頭、金竹、柿子、方家、八塢等九個山塢的水流成溪，再經徐村入錢塘江。十八澗在烟霞洞西南，起源自龍井山的龍井村，穿繞林麓，

次第匯合詩人嶼、銅牆、孫文瀧、雞冠瀧等無數細流
而成澗。二處合稱為九溪十八澗。水中含有硫黃性礦
質，故微溫。遊此宜緩步循溪而行，才能領略溪流景
色的美妙處。澗中段有龍泓亭可供休息，山外茶肆處
可濯足品茗。

翁家山

在南高峰西南，與楊梅嶺相連，自風篁嶺至九
溪，或自四眼井至龍井、靈隱均經過此處。

理安寺

九溪東北面為理安山，山有大人、迴象、獅子
三峰。中以迴象峰的風景最美。山中過去多楠樹，杭
州淪陷期間盡為敵人砍伐。山麓有理安寺，舊名法雨
寺，明弘治四年，因洪水氾濫淹廢，至萬曆年間重
建，清康熙五十一年又重建。寺內藏有舍利子、貝葉
經等佛教珍品。寺內有法雨泉，水清如鏡，有人說超
過虎跑、龍井之上。

己、西溪區

西溪

西溪在西湖北山的陰面，靈隱山的西北，自仙姑
山西入青芝塢，經沿華山就到達。如由寶石山背行，
須經秦亭、太華、安樂諸山。西溪區從松木場開始，
止於留下，路與溪流平行，故又名沿山河。沿途可以

欣賞曲折的溪流和密密的綠林翠竹，別有水鄉風味。遊西溪最宜於深秋，當蘆花盛開時，淺渚皚皚，一望似雪，風搖雁飛，另有風情。西溪風景的佳妙，黃任之曾有詩讚稱：「杭州爭說西湖好，誰識西溪分外妍；雲裏千家山作檻，空間一綠竹為天。」可見西溪景色之佳。

松木場

俗名松毛場，在錢塘門外。過去蘇省及嘉湖一帶的旅行香客，有的是步行前往，不需要舟車，即杭州人所稱的「燒跑香」；此外均用無錫快或帳船，船就停在松木場，在農曆二月中，船多至千餘號，少亦四五百號，平日冷落沈寂的松木場，這時候紛鬧嘈雜達於極點，都開設了臨時商店，一到清明節之後，下路香客就要還去，開始育蠶工作了。現在燒香客雖已逐步減少了，然而由於松木場的位置還是一個水碼頭，因此依然是杭、嘉、湖三角地帶物資交流和航運的匯集地。由此可乘船或乘六路公共汽車直達留下鎮。松木場西為古蕩鄉。全鄉有三百多戶農家，經過土地改革，農民都已組織起來，成立了互助組和生產合作社。此地農民多以養魚、養蠶、種菱、種藕為副業。全鄉湖港交叉，有水鄉之稱，產柿子、魚苗，銷售各地。

彌陀寺

在錢塘門外石塔兒頭流水橋附近。寺內有石經

閣，倚石壁而築。石壁高三丈，上刻彌陀經全卷，字
跡完整，為清光緒時翰林沈善登所書，每字約五寸見
方，為湖上寺廟中的珍品。

秦亭山

俗稱老和山，又訛稱蜻蜓山。在松木場西，山高
達一百餘丈，周圍約三里，與棲霞嶺遙遙相對，是法
華山的餘脈。新近在山的東麓發掘出大量新石器時代
的遺物，計有石器二百件，陶器殘部五百多件。石器
都是磨製的，有斧、錛、刀、鑿、箭頭、紡輪和網墜
七種。陶器有粗砂質和細砂質兩種，其中粗砂陶器都
是手製的，以三足器最多；細紗陶器係用轉盤製造。
另外還發掘出數百件古代墓葬中的殉葬物，中有漢代
銅鐘、鐎斗、銃劍、印文、陶罐、陶鼎、陶灶、陶耳
杯和六朝的帶釉陶器以及宋、明兩代的瓷器等，對研
究漢代以來的歷史有相當幫助。

法華山

在秦亭山西，山上舊有法華寺。山麓有東嶽行
宮，俗稱老東嶽，祠宇壯麗宏偉。杭州東嶽廟有五處
之多，以此地香火最熱鬧，過去每到農曆七八月間，
香汛極盛，且有所謂「朝審」的巴戲，杭州人叫做秋
香。當地房頭衆多，可以供應近萬人的食宿，它的熱
鬧情況，就可見一般，這些大批燒香旅客，除了本地
人之外，大都是由水道而來，在古蕩上岸的。最近廟
裏已經把極端迷信荒唐的部份封閉，禁止「瞻仰」，

是有其必要的。附近並有廟塢，塢中有法華泉，西有
古法華亭，因開化庵即在其旁，俗呼為開化涼亭，可
供憩息。開化涼亭西行為石人嶺，嶺半有石如人立，
過此即達靈竺嶺，有石人塢，俗稱楊家牌樓。由此向
北即見安樂山，又名唐家山，地近留下，山麓有夕照
庵。開化涼亭西有泉一泓，水流滾滾似梅花瓣狀，可
灌溉田畝，與溪上梅花相映，景色更美，因又名梅花
泉。附近並有金魚井，產金魚。

花塢

　　在老東嶽西南約五里，由開化涼亭轉灣直入。
花塢長約一里路，兩面俱為高山，竹林密茂，流水淙
淙，景色有如雲棲。從花塢藕香橋至白雲一帶，據傳
有古庵三十六處，現在還有九松精舍、法庵、楞精進
林、休庵、天泉溪、梅溪庵、怡雲庵、背庵、飲峰庵
等十餘處。花塢最大的庵叫眠雲室，一名美音庵，地
勢甚高，在法螺、一雨兩峰中間，中有柏子堂、香積
廚，旁有簑衣泉。由樂清徐氏散花館後登山，是西溪
與花塢到靈隱天竺的捷徑。

秋雪庵

　　在西溪東面蒹葭深處，原名資壽院，為宋潼川
節度使所建。庵四周皆水，蒹葭相望。花開時一片雪
白，故以秋雪名之。可惜現在很荒涼。

交蘆庵

即正等院，在秋雪庵東面，明萬曆年間僧如覺自龍歸塢遷居此處。以庵建築在蘆葦之中，所以叫做蘆庵。其旁建有水閣，為西溪勝地。

留下

距杭市十八華里，有公共汽車直達，為杭縣一大鎮，人烟稠密，市面繁榮。相傳宋南渡時，曾計劃在此建築宮殿。後改建在鳳凰山，始將此處留下未建，地原無名，此後就以留下得名。留下為水鄉，魚、蝦、筍等土產甚多，均鮮美甘嫩。留下鎮西南有大青嶺、白栗山。白栗山東西有東穆塢、趙西塢、大嶺、橫山、桐塢等山。

龍門山

俗稱小和山，離市區約四十里，高百丈，周五里，山峰高峙，為北澗發源處。上有真武廟，亦稱龍門寺；下有白龍潭，潭水甚深，如珠玉奔流下注，是杭州郊區一奇觀，然而因為地點偏僻的緣故，往往為遊客所忽略。山上有十八個香蕉灣，山路曲折，景色甚美。

荊山

在西谿西北，周五里，中有七十二賢人峰。兩溪夾山而行，匯於西溪。荊山東北，為餘杭縣界。

庚、江干區

萬松嶺

嶺在鳳凰山北，南屏山東，登此可眺西湖景色。由鳳山門有公路經過嶺上，可通南山街。古時此地有古松夾道。詩人白樂天曾有詩讚美這裏的景色：「半醉閒行湖岸東，馬鞍敲鐙響玲瓏；萬株松樹青山上，十里沙隄明月中。」嶺上舊有萬松書院，又名敷文書院，早荒廢。清雍正八年（公元1730年）補植松萬株，當時西湖十八景中「鳳嶺松濤」的名稱就是指此。但年久歲遠，松樹漸少。現園林管理處已在嶺上增植大批馬尾松，不久，行將恢復舊時風光。

鳳凰山

北接萬松嶺，左達西湖，右接江岸，山形似一隻展翅飛翔的大鳳凰。山東麓為南宋大內禁苑所在地。甘心丟棄半壁河山的宋康王趙構，曾在此度過荒淫無恥的生活。現在的福壽宮就是當時的大內，山上的報國寺，就是垂拱殿，勝果寺就是禁苑。勝果寺南並有五代吳越王建築的梵天寺，附近桃樹，果甚肥碩，有聖果桃之稱。勝果寺側有郭公泉，寺後有三佛石、曜雲石、垂雲巖、歸雲洞等諸勝。

福壽宮前有慈雲亭，亭旁為慈橋洞。近旁有山，上鐫「九天瀛洲接音仙池」八字。山巔有雙髻峰，峰上的百花點將台，相傳係吳越郊台。巔上還有月巖嶺、慈雲洞諸勝。月巖嶺有竅，寬尺餘，是秋夜賞月

的好處所。鳳凰山西有于子三烈士墓。于子三是浙江大學學生，領導學生愛國運動，一九四七年為國民黨反動派所殺害，是革命門爭中犧牲的祖國優秀兒女之一，世界民主青年聯盟代表團來杭時，曾特地到墓前獻花致敬。

候潮門外

候潮門在城東南隅，城門已拆去，外為捍海塘，卽江塘，係五代時吳越王錢鏐所築。渡江為蕭山縣的西興。現自江干經候潮門直達城站，已興建了江城路，對繁榮城鄉經濟有很大好處。同時杭州市交通公司開闢了公共汽車路綫，可由城站直達江干南星橋；從南星橋又可乘公共汽車直達閘口、六和塔等地。

錢塘江

本名浙江，上流有徽港、富春江、衢江。至富陽下流，江流成「之」形，故又名「之江」。錢江潮是國內有名的潮，原因是潮水由海逆流而上，受到約束，蹙不得騁，起而為濤。潮汛以農曆八月為最大，看潮最佳處在海甯陳汶港一帶，但八月中在江干候潮門一帶觀潮也可窺見大概。

錢江大橋

橋於一九三四年八月八日開始建造，至一九三七年九月二十六日落成，共化了九百二十五天時間。全橋共長一千四百五十三公尺，分為引橋和正橋兩部

份。正橋共十六孔，橋墩十五座。上層通行汽車，中層通行火車，上層兩旁為人行道。這是我們中國自己工程師設計建造的第一座現代化建築的大橋，由茅以昇（解放後任交通大學校長）工程師設計和工人們流血流汗甚至犧牲生命建造成功的。因為建造時遇到困難很多，如橋北岸是石質，南岸是冲積層沙土，橋墩的基地非常難找；其次江潮很大，打椿也很不易，當時一些英、美國家的工程師、「顧問」之類對此都束手無策。最後終於在我國人民自己的力量與智慧下，完成了這件偉大的建築。

在抗日戰爭期間，鋼桁及橋面、橋墩都曾受到破壞。一九四九年五月三日杭州解放以前，蔣匪幫在逃走時，曾妄想把它炸燬，幸賴工人在共產黨組織領導下，進行了堅決的護橋鬥爭，因此橋樑破壞不多。杭州解放後的第三天，在勞動人民的努力搶修下，就把大橋修好通行火車。橋為東南交通要道，對物資交流，繁榮經濟具有重大作用。

六和塔

六和塔位於錢塘江邊的月輪山上，是我國著名古代建築物之一，已有九百八十餘年歷史。塔身以木材為主。佔地一畝三分，高六十四公尺，外形八角十三層，內分七級，可以拾級盤旋而上。塔頂聳立雲霄，氣象雄偉。

塔係宋太祖開寶三年（公元970年）吳越王錢俶應延壽和贊寧二和尚之請，建塔以鎮江潮；另一傳說

是為了紀念戰國時六國聯合起來抵抗秦國的侵略，所以名「六和」。初建時有九級，高五十餘丈。此後屢毀屢建，最後一次修建是在清光緒二十六年（公元1900年）。但五十多年來，反動統治階級對祖國文物從不加以愛護，聽任頹敗，以致塔頂和塔層都已殘破塌毀。為了保護名勝古蹟，杭州市人民政府自一九五二年十月開始修建。新修建的塔頂和塔層的磚瓦全部用水泥澆成，塔角用鋼骨水泥，塔頂設避雷針，還在塔頂天花板上開了八個通氣洞，以免屋頂木頭霉爛。

六和塔在最初建築時，竟化時十年才造成。清光緒二十六年重修時，光從錢塘江邊沿搭一個供工人們在塔上施工用的手脚架，就化了兩三年。這次修建中由於工人們發揮了高度的勞動熱情，開動腦筋，想辦法，全部修建工程不到一年時間就大致完成。

塔內有宋紹興二年（公元1132）刊的李伯時觀音像碑，後面附有小楷的觀音經。此外還有宋時不署名的三十二人所書的金剛經和南宋名人分寫的四十二章經。後者中最著名的為洪遵、洪邁、張孝祥、虞允文。以上兩種，書法精秀，刻也完好。

現在從月輪山下抬頭看六和塔，飛簷仰角，氣象宏偉。登塔俯瞰錢塘江，江峰美景，盡在眼前。從左邊可以看到錢江大橋全景以及江上綠洲和鼓風遠來的白帆等。右邊綠樹叢中，紅色鐘樓，隱約可見。

開化寺舊名壽寧院，即六和塔的塔院，清雍正十三年（公元1735年）重建。光緒間有朱智者捐資重

修。寺內有金魚池、秀江亭、砂井山等古跡。

秦望山

在月輪山西，相傳係秦始皇東游，登此山望會
稽的處所，故以秦望山為名。山上即過去之江大學校
址，校舍依山而建，面臨浩瀚的錢江，雄壯優美。

錢江療養區

療養區包括自九溪、徐村至雲棲一帶，傍江帶
山，環境優美適宜療養與休養。現此處已有上海總工
會第二休養所，係以原九溪屏風山別墅所改建。所屋
依山而築，上下綠樹成林，紅花盛開，樓前清溪潺
潺，可遠眺錢江風光。所內設備齊全，生活舒適。另上
海鐵路局又在黃家山設立休養所，已開工。杭州市人民
政府也準備在徐村附近修建一座杭州市公費療養院。

錢江菓園

解放後在人民政府的直接經營下，經過整理和
改進，生產量已恢復戰前水平。該園原有土地面積
一六八市畝，現已擴充到四八○市畝。一九五○年水
菓產量僅四三○○斤，一九五一年已增到一六五○○
斤，去年超過二萬斤。目前已繁殖菓苗五八○○○
株，苗圃面積也由原來的四市畝發展到五十市畝。產
品以桃梨佔多數。現該園準備將大批菓苗推廣給杭州
山區人民，俾擴大水菓生產。

雲棲

雲棲在五雲山麓，六路公共汽車可直達。五雲山離城二十餘里，為天門山餘支。相傳舊有五色彩雲盤旋山頂，故名。山巔有真際院，東北角為白沙塢，西北為雲棲塢。塢有雲棲寺，為吳越王所建，曾數次燬而復修。清朝皇帝玄燁（康熙）曾兩次到此遊玩並題雲棲、松雲閣二額；弘曆（乾隆）也二次到此地遊賞。寺在山最深處，石徑兩旁，遍種毛竹，寺前有巨竹一枝。名「皇竹」，並建亭以誌「寵異」。

獅子山

又名定山，高七十丈，周達七里，過去曾作避潮處。山西有龍門，兩峯壁立如雙牖，上有龍潭。山麓為楊村，有風水洞，其上又有一洞，洞多石子，作丹赤色。山南江面有浮山，與漁浦諸山相望，潮來自海門，分二路，東向富春，西抵浮山，受激而回，俗稱囘頭浪。

辛、吳山區

吳山

吳山在西湖東南，吳人因伍子胥含冤而死，立祠江上，故又名胥山。山上廟宇有三、四十處之多，其中多城隍廟，故俗稱城隍山。解放後，園林管理處在山上種植了大批松柏等常綠針葉樹，在十二巫峯附近開闢花壇草坪，種植了花卉樹木，使吳山成為勞動人民遊憩的好處所。尤其在夏天，吳山因山高風大，更

是避暑勝地。山上茶棚、茶園林立，前觀錢江如帶，後望西湖碧綠如鏡，涼風習習，別有情趣。同時，潮汛期間，此地又是城內觀潮的好地方。

遊吳山宜步行，登山有五路：（一）東路：自中山南路城隍牌樓而上，經四牌樓、元寶心以達山巔；（二）南路：自嚴官巷走雲居山而上經潘氏別墅迤北；（三）北路：自鼓樓、大井巷、向環翠樓（胡慶餘堂南首）登山，經海會寺、東嶽廟，右過雷公殿、敬止亭及太歲、藥王等廟；（四）西北路：自舊藩司前對面大螺螄山直上，經峨嵋庵、省廬、志園、聖帝殿、雲峯別墅而上，經過三官殿、關帝廟等寺院；（五）西路：自清波門塔兒頭，經四宜亭，循四宜別墅而上，其旁即為楓林。

巫山十二峯

由四宜亭上吳山，就可以看到火德廟的遺址。附近有十二塊石頭，玲瓏起伏，各有不同形狀，傳說分筆架、香爐、碁盤、象鼻、玉筍、龜息、盤龍、舞鶴、鳴鳳、伏虎、劍泉和牛眠等狀，其中較逼真有龍、虎、馬、牛等。清雍正時，李衛曾建亭於此，題「巫峽峰青」四字，現亭子已燬。

寶月山

又名天井山，在吳山北面，俗稱螺螄山。山上有烏龍潭、螺螄峰等勝景。山南為鐵冶嶺，嶺側有郭婆

井、黃泥潭。

七寶山

　　在吳山南，因山上有七寶寺得名。山頂有坎卦
壇，西麓有青霞洞，東麓有白鹿泉、通元觀、三仙閣
及石龍泉等古蹟。

雲居山

　　在七寶山東南，清平山的陽面，與城外萬松嶺
相接。山西為楓嶺，以楓樹出名，吳山十景之一「楓
嶺紅葉」即指此處。雲居山有雲居聖水寺，宋元祐年
間，釋了元建雲居庵。元元貞年間，釋明本建聖水
庵。明初，聖水、雲居兩庵相併，而改今名。雲居山
上還有祇園、西方諸庵。

瑞石山

　　在吳山東南，元時建紫陽庵於此，因有紫陽山
之稱。紫陽庵今名紫陽別墅，又稱丁仙閣。山上多古
蹟，有橐駝峰、歸雲洞、紫陽洞諸勝。紫陽洞旁并有
巨山嵌立，名「飛來石」。山上有路叫尋真路，壁上
刻有「吳山第一峰」。南宋時候，侵略者金主亮說過
一句豪語：「立馬吳山第一峰」。那時，金主亮派了
個施宜生到南宋來當「賀正伎」。這傢伙就是金人的
特務間諜，他暗地裏將杭州的地形畫下來。地圖帶回
去後，金主亮便把自己的騎馬像畫在吳山絕頂上，表
示決意南侵。

寶蓮山

在瑞石山東，山上有寶成寺、石觀音閣。石觀音閣係由晉天福年間就石鐫成觀音像，並建閣，所以大家都這樣稱呼。山上並有青衣泉、瑞石泉、感花巖、金星洞等名勝。

伍公山

在吳山東北。山上有伍公廟，祀吳人伍員。廟後有南宋古剎會海寺、東嶽廟。山麓有環翠樓，樓下有大井，井水稱為吳山第一泉。由伍公山西南行即到峨嵋山峨嵋庵，東即為淺山，俗稱管米山。

壬、拱墅區

古運河

古運河係人工開掘的一條河道。這條古老的河道，北達江蘇蘇州、揚州，南以杭州拱宸橋為起點，通本省境內湖州、嘉興等地。接近杭州的一段，又稱為南運河，為浙東和浙西城鄉物資交流的主要航道。站在橫跨古運河上的拱宸橋上，眺望江面，可以看到數不清的船隻穿梭似的在運河中往來。在點點白帆中間，間或有一、二艘紅色的輪船駛過，銀色的浪花襯着碧綠的河水，顯得分外美麗。沿河綠蔭深處，成羣的搬運工人緊張地勞動着，他們愉快嘹亮的歌聲，和工廠裏傳出的隆隆機器聲，交織地迴盪在古老河道的兩岸。

拱宸橋

在市區北面，距城十八里，有公共汽車直達。拱埠大小碼頭共有十九處，散佈在拱宸橋附近運河的兩岸，是杭州碼頭的集中區之一。浙西和浙東一部份出入口物資主要通過拱埠轉達至各地。拱宸橋在清光緒二十一年，根據中日馬關條約，闢為商埠，日本帝國主義曾劃租界於大馬路的前面。抗日戰爭勝利後租界收回。解放前，拱宸橋是封建把頭統治的碼頭，當時搬運工人食不得飽，衣不禦寒，受盡封建惡霸的剝削、壓迫。街上多妓院和賭場。解放後，封建把頭被打倒了，妓院、賭場也絕了跡。由於城鄉物資的暢通，碼頭也開始熱鬧起來，工人們成立了搬運公司，改建了碼頭，此外，人民政府為了便利交通，還新建沿河馬路和武拱路。

現在的拱墅區，正日漸發展，為了增進勞動人民的文娛生活，已增闢了大眾電影院等娛樂場所，並計劃開闢勞動公園、工人俱樂部等工人文化的樂園。

湖墅

舊為杭州的北關，為兩浙米市、紙市及箔市的集中地。抗日戰爭前，此間商客如雲，帆牆如林，有歸錦、華光、江漲三橋，鼎足而立。原來半道紅、夾城巷、左家橋、賣魚橋、誅兒潭至小河一帶的舊式石板路，已修建為馬路。

第三章　四時風光

第三章　四時風光

　　這方面的介紹主要是使遊覽者在西湖時能掌握遊覽重點，因為西湖風景點不同季節有不同景色，如果按照各風景點及季節的特點遊覽，就更能增添遊覽的興趣，也能更好地能領略大自然綺麗的風光。

　　一九五一年起杭州市人民政府建設局園林管理處有步驟地在西湖孤山、夕照山、蘇堤等處，以原有的自然環境為主，加添了人工的整修、佈置了七大花景，使西湖一年四季內各種花卉此謝彼開，不相間斷，使山水秀麗的西湖景色，因花草的襯托更形瑰麗，更使人留戀。

　　從前的西湖十景是：蘇堤春曉，雙峰插雲，柳浪聞鶯，花港觀魚，曲院風荷，平湖秋月，南屏晚鐘，三潭印月，雷峰西照，斷橋殘雪。這些在前一章「名勝」中都已提出過，這裏不再介紹。

甲、七大花景

玉堤桃柳

　　蘇堤、白堤是西湖兩條主要交通線，也是西湖風景重點，沿堤垂柳成蔭，不論春夏秋冬四季，不論早晨或黃昏，漫步堤上，都有不同的景色，不同的趣味。近年園林管理處在沿蘇堤、白堤間添植了碧桃，並在舊有的松柏搭成的涼亭間，新建了以白木為架、用各種花卉搭蓋的花亭；春天，從遠處望去，像一張

綠色的幕布上嵌綴着一個個的花環。蘇堤的春天早晨，
是景色最美麗的時刻，西湖十景中「蘇堤春曉」即指
此。自沿堤種植碧桃後，蘇堤的景色更加綺麗了。春
天，當曉色朦朧時，遠望堤的盡頭，烟樹迷離，柳條
曳地，綠蔭深處，紅白相映，陣陣花香，薰人欲醉。

湖上風荷

園林管理處自一九五〇年起有計劃的將裏西湖佈
置成仲夏勝景，在裏西湖種了二十畝地大的荷花。炎
夏時，泛舟裏湖，小船穿插在荷花叢中似捉迷藏，薰
風吹拂着陣陣荷香，清涼解人。遠處響着知了、知了
的蟬聲，使人忘却酷暑的存在。清晨，滾動在荷葉上
珍珠似的露珠，隨着晨風，從這張滾到那張，趣味盎
然。沿着北山路或佇立在白堤上望裏湖時，只見整個
裏湖，舖着一張大的綠色地毯，怒放的荷花，紅白點
點的時隱時現在翠綠色中。

白雪紅梅

孤山原係探梅勝地，但在解放前，由於國民黨反
動統治長期破壞，至解放時，已無梅可探。現園林管
理處在原先的梅林地帶，添植了大量優種紅梅，冬天
從斷橋踏雪至此，小憩品茗，陣陣寒香，趣味無窮。
而從高處望去，一片粉也似的白雪中，朵朵紅梅，似
點點猩唇，鮮艷奪目；尋梅之樂，別有一番風趣。

靑峯白雲

　　「雙峯插雲」附近原先有大片桃樹，每當暮春三
月，桃花吐艷時，一望似錦，行人至此彷彿走入桃花
源。解放前桃樹砍伐殆盡，祗剩下一片荒涼的草堆。
「雙峰插雲」原係形容秋天時南北兩峰被雲層遮住時
的景色，實際上並無可賞之處。園管處為了恢復舊
景，在此改種了大量櫻花，一到春天，沿洪春橋到石
蓮亭滿眼盡是粉紅色的櫻花，加上遠處靑山的襯托，
更顯出艷麗無比的景色。如果風雨以後到此處遊玩，
落英繽紛，周圍數里內如鋪着一張華麗的地毯，更是
使人不忍踩踏；遇到雲層低時，不僅可以領略「雙峰
插雲」的景色，而登高遠望櫻花盡頭，一片白色，甚
至教人分不出究竟是雲、是花。

葛嶺白雪

　　葛嶺一帶風景除山色較佳外，原缺少花卉陪襯，
從風景點的要求來說，頗感單調。園林管理處遂在葛
嶺南面種植了大片玉蘭，早春時節，沿山一片白色，
香聞數里，靑山白花，給葛嶺添上了無限景色。

滿隴秋桂

　　滿覺隴的桂花過去多係居住在該地的居民種植，
作為副業生產，每年秋天，除桂花外，桂栗也是大宗
產品。但解放前，居民在反動統治壓迫下，無法生
活，都紛紛將桂樹砍掉以糊口，致使滿覺隴桂花大為
減色。一九五一年起園林管理處除協助居民恢復種植

外，並栽植了許多金桂、銀桂，秋來桂花盛開時，遊覽者一入滿覺隴，滿眼金黃，陣陣濃郁花香，迎風吹來。此種景色和夕照山紅葉相比，一是幽靜瀟灑，一是富麗美艷，使人不復感到梧桐葉落秋已深。

西山銀杏

西山風景點是以山水的秀麗和幽靜出名的，但和葛嶺同樣的是缺少花卉灌木，在景色佈局上是一缺陷。近年園管處在這一帶栽植了大量的烏桕和銀杏，秋時桕葉紅艷，銀杏葉色金黃，呈現朗明快的景色，適合西山療養區靜的景緻。

乙、西湖春曉

西湖的春天是花團錦簇的美麗世界，到處是歡樂，到處是歌唱。從葛嶺初陽台眺望西湖，羣山起伏處，一片嫩綠鵝黃，近處翠綠叢中，芬香四溢。蘇堤、白堤上紅桃綠柳，像一條錦繡的彩帶展開在眼底。新種植在嶺南的玉蘭，白色的花叢像浮雲一樣，圍繞在山間。遠處，洪春橋和玉皇山一帶怒放的櫻花，映成了一片雪海。

佈置在各風景區和公園花壇中的山茶花、牡丹、紫籐、薔薇等各種春季花卉，在春風中相互爭艷，百花齊放。把整個西湖點綴成一幅鮮艷、錦繡的五彩圖案。

玉皇山下八卦田的油菜花，從山腰七星亭上望去，田野間，綠一片，黃一片，紫一片的交織輝映。

清晨漫步在蘇堤上，聽呢喃燕語，看西湖從曉

霧中甦醒，堤上萬樹落英，遠望去像似一條用鮮花舖成的路。詩人聶大年曾經有一首詩描寫這裏的早晨。「蘇堤春曉」，這個多美，多使人神往底名字啊！

在龍井，馳名全國的綠茶產區的茶農開始一年的繁忙了，蒼翠的四山，到處可以看到新闢的梯形茶地上，一隊隊穿着花衣裳的年青的採茶姑娘愉快地在採摘新茶，四周山谷間時時響着豐收喜悅的笑聲，幸福的歌聲。附近的虎跑和龍井的茶座，等候着遊人們去嚐試新茶的芬香。

每天，大批生產戰線上的英雄、模範，從各地來到西湖休養、遊覽。在山谷，在堤上，在湖中，到處是人，到處是歡樂，有的在歌唱，有的在舞蹈，辛勤的勞動，獲得了和平幸福。

祖國的春天在前進，西湖的春天一年比一年繁華、年青。

丙、仲夏風荷

西湖，沐浴在夏日的金色光輝中，顯得更加健康美麗了。四山新栽植的綠化林，已一年年長得密茂成蔭，葱蘢鬱翠。公園和風景區到處芳草如茵，夏季的花卉，爭相怒放。曲院風荷、三潭印月、裏湖一帶的睡蓮、紅荷、白荷，把湖面映成粉紅瑩白，新綠一片。沿湖叫賣着翠綠欲滴的新蓮和白雪也似的嫩藕。西湖夏天中的秋天，是在消夏勝地的煙霞洞、紫雲洞、石屋洞、水樂洞裏，在那裏，雖在盛夏，却也涼爽如秋，每天有來自各地的人到這裏來避暑。靈隱飛

來峰下和城內城隍山頂的茶座，天天座滿，這兩處都是納涼品茗的樂園。當你坐在靈隱的參天古樹下，喝着用泉水煮沸的龍井新茶，聽着淙淙不絕的溪流聲；當你坐在城隍山頂，眺望錢江如帶，西湖如鏡的勝景，加上陣陣微風，會使你忘却了炎夏可畏。

闞陀山麓的人民體育公園和玉泉的游泳池日夜開放了。每天從清晨到夜晚，人們川流不息的來去着。這兩處環境佈置，各有特色：圍繞在綠樹蔭中的玉泉游泳池，幽靜雅緻；四周遍種棕櫚芭蕉等植物的人民體育公園游泳池，充滿熱帶風味。

青年團市委和市體育分會組織的青年划船隊開始活動了，湖面上不時可以看到一隊隊由工人、戰士、學生和機關工作者組成的划船隊，在平靜如鏡的湖面上，引吭高歌，相互競賽。清涼的海風，不時從杭州灣徐徐吹來，白船蓬的遊艇，在太陽光下，一點點的消失在綠荷叢中。

夜晚，環湖的燈光，像一串接在一起的夜明珠，光芒四射，深綠色的湖水，被照得波光閃閃，遊船上的小紅燈，在湖面時隱時現。「三潭印月」仲夏夜詩一樣的景色，引誘着人。垂柳下，九曲欄杆邊，不時傳出妙曼的歌聲和低低的細語。這裏成了歡樂的不夜天。

在光亮如畫的濱湖公園裏，人們躺在柔軟的草坪上，聽着人民電台播送的音樂，暢談着一日勞動的成就，是多麼幸福啊！

丁、楓紅桂香

秋天悄悄地來到了西湖，四周蒼鬱的山峰蒙上了浮動而多變的雲層，滿地沙沙的落葉，隨着秋風飛舞在疏落的樹林間，一片瀟洒、幽靜的景色將秋意毫無遺留地顯示給人們。

秋天，是休養的季節。隱沒在羣山圍繞和花園似的建築物中的療養院和休養所，熱情地迎接來自全國各地的休養者。這是旅行的好時光，每天從火車站、汽車站，送來大批的旅客，他們有的來自海南島；有的遠自山海關⋯⋯。

岳廟已經為遊覽者佈置了一個盛大的菊花展覽，這兒展出的菊花有五百種品類，分平瓣、管瓣、斜瓣、線瓣、飛舞瓣、毛菊、托桂等。其中色彩奇特的有綠牡丹、綠毛刺、二色菊的徐妃、小二喬；三色菊的綠衣紅裳；墨菊中的墨魁；毛菊中的紫毛菊、金翠羽；管瓣菊中的十丈珠簾、杏花春雨、鶴舞雲霄等。這些奇異的花卉是祖國勞動人民用無數心血栽培出來的。

滿覺隴的桂花，香聞數里，這裏還有佳點桂花栗供遊覽者購嚐。夕照山楓紅似火，也是秋天的遊覽好去處。

西溪秋雪菴前盛開的蘆花，一望似雪，偶而三、二隻飛雁，掠過蘆葦；遠處竹林間疏疏落落的幾椽茅屋，夕陽西下，炊烟四起時的景色，是一幅淡墨的山水畫，又是一首纏綿的詩篇。月夜的西溪，更是絕景，乘一葉小舟沿溪緩行，遠處的山谷在月光下像蒙着一襲輕紗，近岸林中，似浮着一層薄薄的霧，又像

似飄浮着一縷淡淡的煙。此時除了槳聲劃破水面的聲響外，四周靜悄悄的聲息全無。在這裏，高歌一曲，歌音迴盪在山谷間，情景的幽美，令人難忘。

沿着錢塘江的四堡、七堡和城隍山頂上，每天有着無數人在等着觀潮。「秋天觀潮」是杭州特景，尤其是農曆八月十八日的潮水更奇特。

「浙江秋濤」很久以來就聞名全國，潮來時，遠時像一條白玉帶，近時似萬馬騰空，聲響似雷擊霆砰，雄偉壯觀。

傍晚，人們開始陸續的走向「平湖秋月」和「三潭印月」。這兩處的景色都是以賞月出名的。「平湖秋月」三面臨水，湖上漣波，一望無際，每當皓月中空時，臨流面月，從湖面吹來陣陣秋風，抬頭望多變的雲層，以及天地間幽美的景色，足以消除了人們整天的疲勞。「三潭印月」，在外湖中央，月夜，潭影倒入水中，波光雲影，幻象迷離。雨夜，乘一葉小舟停在堤邊，聽雨打殘荷，更是秋日遊覽西湖難以享受到的大自然景色。

秋天的西湖到處是詩一般的境界，幽靜地、淡淡地留在遊人底心裏。渡過了西湖春天的繁華和艷麗，你會更熱愛這靜悄悄的秋日。

戊、晶瑩冬日

冬天的西湖，像一個披上了銀色衣裳的淡粧美人。沿湖四周的山峰，在陽光下映成一片晶瑩的彩霞。湖水結成了一層薄冰，乘着遊船碎冰前進，滿眼雲低

樹斷旳景色，使秀麗的天然湖山，顯得更寧靜可愛。

　　從保俶塔眺望雪後的白堤，只見白茫茫的一片，北山路一帶，如舖瓊砌玉。覓食的寒鴉驚動了樹椏，一團團粉也似的白雪，不時從樹枝上掉下消失在雪堆中。每當積雪將融時，斷橋上片片殘雪，遠望去，像橋已拆成兩段，這就是人們嚮往的「斷橋殘雪」的景象。

　　沿着孤山「放鶴亭」到「空谷傳聲」，新栽植的寒梅迎風怒放，四散的芬芳，將這裏變成了一片香雪海。中山公園的冬季茶座，硃紅漆的欄杆，在雪中更鮮艷奪目，在這裏喝着熱氣騰騰的紅茶，隔着玻璃窗欣賞雪花飛舞、或是雪後初晴的情景，直覺別有一番風味在眼前。

第四章　遊程

第四章　遊程

　　西湖景色如畫，名勝古蹟甚多，初次來杭州遊覽者，由於人地生疏，往往有不知從何遊起的感覺。為了提供給遊覽者參考，特擬就遊程，分一天遊、二天遊、三天遊、七天遊四類，希望遊覽者先詳細看下本書上面所介紹的各區情況，然後根據自己興趣、時間及要求，選擇遊覽。其次，下面所寫的地點，有些只是一個名字而已，雖在實際上已無可遊覽，但尚有舊跡可尋。如果時間許可，而又有歷史癖的，則不妨一尋舊跡。

甲、一日遊程

　　大致講來，以一天時間遊玩西湖，只要掌握時間，則既可以遊湖，又可以登山，西湖的全貌可以窺見大半。下面是兩種不同的遊程：

遊程一： 上午七時許，自湖濱坐船至柳浪聞鶯公園，遊淨慈寺（南屏晚鐘）至花港觀魚，沿蘇堤春曉至三潭印月、湖心亭至岳坟上岸。在岳王廟附近午餐，並遊覽岳王廟（午餐與遊廟時間宜在一小時內）。再乘七路公共汽車至靈隱寺，沿途經「雙峰插雲」。遊畢靈隱，乘七路車返城。沿途經過西泠

橋、蘇小小墓、西泠印社、中山公園、博物館、平湖秋月、白堤等風景處。或逕乘車至中山公園，登孤山遊玩，因由孤山返城路途較近，如屆時無交通工具代步，則可沿白堤步行返城，沿途樹影疏落，遠處燈火點點，如置身圖畫中。

遊程二： 上午七時許乘七路公共汽車至昭慶寺下，登保俶塔，沿葛嶺、初陽台翻山至黃龍洞、金鼓洞、紫雲洞，落棲霞嶺至玉泉觀魚，然後回到岳坟（以上均步行）。在岳坟附近午餐（這時可就近遊岳廟、西泠橋、蘇小小墓）。下午由岳坟乘船遊劉莊，沿蘇堤春曉至花港觀魚、三潭印月、湖心亭、紀念塔、中山公園、西泠印社、孤山，再由平湖秋月至湖濱上岸（為節約起見，船至中山公園後便可回絕，歸程可在平湖秋月乘七路汽車返城）。

乙、二日遊程

第一天： 上午七時乘七路公共汽車至昭慶寺下，登保俶塔、葛嶺至黃龍洞、金鼓洞、紫雲洞、玉泉、岳墳。在岳墳午飯後，乘七路公共汽車至靈隱、韜光，攀北高峰，略事遊覽（最好在下午四時）即乘七路車至中山公園，登孤山、西泠印社、平湖秋月，沿白堤回城或由

平湖秋月坐船返城。如在夏晚，則可遊湖玩柳浪聞鶯、三潭印月等處。

第二天： 上午七時乘船至淨慈寺（南屏晚鐘）三潭印月（或湖心亭），沿蘇堤春曉至劉莊，折返花港觀魚；再乘四路公共汽車至九溪，玩龍井、九溪十八澗（可在龍井午膳）、理安寺、六和塔、虎跑寺，登玉皇山返城。

（註：這半天路線較長，時間須好好掌握，如遊畢九溪十八澗已近三時可即取途登玉皇山，從山頂也可望見六和塔、錢江鐵橋等風景。如在秋季到杭，則在遊覽花港觀魚後，即可至滿覺隴賞桂，越翁家山至龍井，略玩九溪十八澗即乘車返城，同時宜帶乾糧。）

丙、三日遊程

第一日： 上午七時許，以昭慶寺為起點，登保俶塔，沿葛嶺、初陽台至黃龍洞、金鼓洞、紫雲洞至玉泉，再乘七路公共汽車至靈隱午餐，並遊玩靈隱附近一線天、飛來峰、觀音洞。下午至韜光庵，登石樓觀海，然後登北高峰。下山時循原路經下天竺、中天竺、上天竺返至靈隱（以上均係步行）乘七路公共汽車返城。

第二日： 上午七時坐船至柳浪聞鶯公園、三潭印月、花港觀魚，沿蘇堤春曉至劉莊、岳墳，在岳

墳附近午餐並遊覽岳王廟。下午由岳墳步行
經蘇小小墓、西泠橋、博物館、中山公園、
孤山而至西泠印社。然後再在中山公園僱舟
遊紀念塔、平湖秋月、湖心亭，沿白堤至斷
橋（夏天可划至裏西湖或柳浪聞鶯賞荷）返
回湖濱。

第三日：上午七時出發，乘四路公共汽車或三輪車
先至淨慈寺（乘便遊南屏晚鐘、雷峰塔舊
址），然後攀越玉皇山，在後山下山，經四
眼井至虎跑寺，再至錢江大橋、六和塔，
在此午餐。下午乘四路公共汽車至九溪十八
澗、龍井、烟霞洞、水樂洞、滿覺隴，再經
石屋洞至四眼井乘公共汽車或三輪車回城。

丁、七日遊程

第一日：上午七時坐船往三潭印月、花港觀魚、劉莊
等處，然後登丁家山，遊蕉石鳴琴；繼沿蘇
堤步行，先至岳墳（在此午飯或在太和園均
可），再經曲院風荷、秋瑾墓、蘇小小墓等
處，過西泠橋沿湖岸步行，遊西泠印社、博
物館、浙江圖書館、中山公園、平湖秋月。
然後再由平湖秋月向北行，達孤山放鶴亭，
遊巢居閣、林處士墓，下山左行，向前過雲
亭、瑪瑙坡，訪蘇曼殊墓。再折向裏西湖，
僱舟（惟事先須告訴船工同志放舟至此處

等候）遊葛嶺、大佛寺等處，至斷橋邊欣賞
「斷橋殘雪」石碑，然後返城。如時間尚
早，可坐船繞錦帶橋遊戚繼光紀念塔及湖心
亭；然後在夕陽影裏，泛舟歸城。

（註：此日遊程並不甚長，而所遊之地甚
多，若走馬看花，可以遊遍，如須細細流
連，最好分兩日遊玩，第一天湖中與岳墳；
第二天外湖、孤山及裏湖。）

第二日：　早晨六時至湖濱欣賞清晨湖山風光，七時半
乘三輪車至黃龍洞（雇車至此），遊臥雲
洞，經白沙泉，上棲霞嶺，先至金鼓洞，出
來再上嶺巔，訪宋朝牛皋墓，即至紫雲洞。
下嶺遊香山洞，至岳墳，再前進至玉泉。由
玉泉乘七路公共汽車至靈隱，途經「學到
老」、「雙峰插雲」等名勝古蹟。在靈隱
午餐。下午遊靈隱雲林寺、飛來峰等處，然
後遊韜光，登北高峰，再折返靈隱略事休息
（此處有茶座可小憩），繼續前進至下天
竺、中天竺、上天竺，遊後仍返回靈隱，乘
七路公共汽車返城。

第三日：　上午七時步行至斷橋，循裏西湖遊大佛寺
等名勝，然後登葛嶺、初陽台，眺覽錢塘
江。再沿山路行至寶石山，保俶塔。從保
俶塔下山乘六路公共汽車至松木場，至留
下午膳。下午乘小舟遊秋雪菴、交蘆菴，
返松木場回城。

（註：實際上交蘆菴等地自解放後很少遊人前往遊覽，僅在秋天可以觀賞蘆葦。）

第四日：要帶乾糧。上午七時沿南山街步行至柳浪聞鶯公園和淨慈寺。出寺後至寺對面的兩山峰，循小徑而上，右為雷峰塔故址，左為紅籟山房舊址。下峰後，行半里許為張蒼水祠，再前進，經赤山埠至虎跑，遊定慧寺，再至濟祖塔院，可以在此處午餐。下午回四眼井，上玉皇山，參觀八卦田、七星缸、紫來洞、靈化洞及玉皇宮；下山至閘口，經過六和塔，即乘四路公共汽車至雲棲。遊畢，如時間尚早，可再登五雲山巔，眺覽錢江。此日步行時間較多，宜事先作好準備，如穿布鞋，帶手杖等。

第五日：上午七時，乘七路公共汽車至洪春橋，過橋前進，即為西湖十景中「雙峰插雲」所在。按南北兩山，以五雲山最高。南北兩峰適當兩山中間，故得其名，實際上無可遊覽，不過是看一下雄偉的崗巒的形勢而已。由橋向左行為茅家埠（由住處直接乘三輪車逕至茅家埠也可），過雞籠山，上風篁嶺，直抵龍井，探獅子峰，折回，循九溪十八澗至理安寺，過楊梅嶺，至水樂洞、烟霞洞（在此午膳）。下午登南高峰，折回石屋洞，遊法相寺、六通寺、過大麥嶺，至三台山、赤山埠，然後乘車返城。

或自三台山直出花港觀魚，行經蘇堤六橋，由岳坟轉裏湖或外湖回城。

第六日： 上午九時至中山中路官巷口奎元館，吃杭式大麵。然後沿中山中路參觀杭市商業集中區。至鼓樓折入大井巷，由環翠樓上城隍山，遊覽各寺廟，並在山上啜茗，欣賞十二巫峰，遊雲房山、紫陽山。遊畢，仍由原路下山，可至河坊街王潤興飯店中膳。下午乘車至三廊廟，眺望錢塘江景，再乘二路公共汽車至六和塔，從近處參觀錢江鐵橋風景。

第七日： 上午九時乘一路公共汽車遊覽拱墅區，車沿新近開闢的武拱路直至拱宸橋，可在此午餐或逕乘一路公共汽車返城休息。至此全部遊程結束。

戊、自由車遊程

騎自由車遊覽西湖，別有風趣，遊者如善於騎車可以一天時間暢玩西湖。上午八時從住處出發，自保俶塔路（又名石塔兒頭）至黃龍洞，然後經松岳路遊玉泉、岳坟。在岳王廟遊玩後略事休息，即騎車向裏西湖過「秋水山莊」等休養所至斷橋。再越斷橋、錦帶橋，沿白堤，遊「平湖秋月」、中山公園、西泠印社，在太和園或樓外樓午餐。下午過西泠橋，至岳坟街折向蘇堤，過蘇堤六橋至「花港觀魚」，從「花港

觀魚」沿南屏街至淨慈寺遊玩，如時間尚早可沿玉古路（玉泉至古蕩）至玉皇山遊玩，假使時間不夠，出淨慈寺後，可至雷峯欣賞夕陽下的西湖景色。然後循南屏街、南山街（路過郵電工會休養所、「柳浪聞鶯」公園）返城。[2]

2　註：杭州自由車行有自由車出租，車價見第五章「旅居指南」市區交通段內。

西湖風景區遊覽管理規則

（杭州市人民政府公佈）

一、為維護西湖風景區之治安及環境衛生，和保護名勝古蹟之完整起見，特訂定本規則。

二、禁止在西湖內淘米、洗菜、浣衣、沐浴及傾倒污物，以保持湖水清潔。

三、禁止在風景區內打獵及持汽槍、彈弓射擊禽鳥。

四、風景區內之花草以及湖內魚產、荷花、菱角及蒓菜不得捕取或採折。

五、嚴禁破壞或摧殘西湖各名勝古蹟，凡亭榭、洞壑之牆壁，不得刻畫、塗寫留名，各公園之欄杆、籬笆，不得攀登跨越。

六、凡核准登記之攤販，須在指定區內營業，不得自由兜售，果品皮殼滓渣，應隨時負責打掃，保持清潔衛生。

七、遊客須愛護風景區內之一切設備，自覺地保持清潔，不得隨地吐痰、便溺，果品之皮殼渣滓須丟入果皮箱內，不得隨地亂丟。

八、風景區內之公私莊墅、祠堂、廟庵、觀閣、廬舍等建築，均須經本府批准後方可租借，否則管理人員得拒絕或取締之。

九、風景區內之公私土地及山石，非經呈准，不得私自進行開墾、建築、營葬及畜牧。

十、本規則如有未盡事宜，可隨時由本府補充修正之。

十一、本規則自公佈之日起施行。

第五章　旅居指南

第五章　旅居指南

甲、市區交通

　　杭州市內交通工具，陸上以公共汽車、三輪車、人力車為主，次之為出差小汽車、自行車以及散佈在山口的轎子。另外，在西湖上還有遊船供客僱用。

　　現在杭州市的三輪車、轎子和遊船等交通工具，都有規定的價目，所有工友同志們，都絕對遵守規定收費。人力車雖沒有規定價格，但已沒有從前那樣的漫天討價。這種實事求是的態度，是杭州市在解放後所出現的許多新氣象之一。

公共汽車

　　杭州市的公共汽車行走路線共有八路，長九十二公里，在沿途重要街道和鄉村建立了一百二十四個車站。東達筧橋，南通杭縣塘棲，西到靈隱，西北至杭縣雲棲，北面一直伸展到拱宸橋。

　　為了滿足人民的要求，市公共交通公司不斷增加了車輛，現在行駛市區的公共汽車，已自解放前的二十五輛增加到七十二輛。每天平均載運乘客達七萬多人。由於裝修工人努力學習蘇聯先進經驗，目前大部份車輛已改裝成平頭式汽車，這種車輛車廂寬大，車窗既高又闊，車內空氣流通，行車平穩。

各路行車路線：（註：有括弧者為招呼站）

一路　拱宸橋——城站

沿途停靠站為小河、（大關）、沙婆橋、賣魚橋、（茶亭廟）、夾城巷、沈塘橋、（半道紅）、武林門、（獅虎橋）、西大街、六公園、（仁和街）、湖濱、官巷口、（水漾橋）、佑聖觀路、（板兒巷）、清泰門至終點城站。

二路　城站——六和塔

沿途停靠站為望江門、（撫甯巷）、雄鎮樓、炭橋、南星橋、（三廊廟）、美政橋、（洋泮橋）、海月橋、化仙橋、（水澄橋）、閘口、（白塔嶺）、錢江大橋至終點六和塔。

三路　寶善橋——三廊廟

沿途停靠站為（所巷）、菜市橋、（皮市巷）、眾安橋、（弼教坊）、官巷口、洋壩頭、清河坊、（通江橋）、上倉橋、鳳山門、南星橋至終點三廊廟。

四路　湖濱——雲棲、轉塘

沿途停靠站為湧金門、清波門、（玉皇山前）、淨寺、（蘇堤）、赤山埠、四眼井、虎跑、錢江大橋、六和塔、九溪、（二龍頭）、九龍頭、梵村，至此分兩線，一線由（感應橋）至七佛寺、雲棲；一線由感應橋至大渚橋、午山、轉塘。

五路　大學路——筧橋

沿途停靠站為慶春門、華家寺、石弄口，間王廟、（池塘廟）、下菩薩、花園弄、弄口、南星廟至終點筧橋。

六路　湖濱——留下

沿途停靠站為（六公園）、昭慶寺、（游泳池）、（人民體育公園）、松木場、高塘橋、古蕩、砲台新橋、新涼亭、老東嶽、龍駒塢、路口、楊至樓家牌終點留下。

七路　大學路——靈隱

沿途停靠站為（菜市橋）、（橫河橋）、葵巷、（金錢巷口）、官巷口、湖濱、（六公園）、（平海街）、（昭慶寺）、斷橋、（平湖秋月）、中山公園、（西泠橋）、岳坟、玉泉、洪春橋、（九里松）、石蓮亭、至終點靈隱。

九路　城站——七堡

沿途停靠站為清泰門、烏龍廟、定海村、二堡船埠、五福殿、三官殿至終點七堡。

（註：八路準備開闢中）

以上各站票價每二站為一級，每級四百元。

另有出差汽車可租，地點一在湖濱路六九號中國旅行社（電話二四四五號），一在延齡路一五五號東方汽車行，一在延齡路二〇九號金國汽車行（電話一五一九號）。

三輪車

通行全市各區，沿途可僱。車價每站五百元，二站起僱。遊覽風景區，亦可僱乘三輪車。其價格經統一規定如下：

一、包乘一天，

以八小時為限，供給中膳一客，如超出鐘點按照包乘鐘點計算加價；（1）南山（最遠不超過九溪）三萬五千元；（2）北山（最遠至龍井）三萬五千元；（3）北山（最遠至靈隱天竺）三萬元；（4）南山北山（南山最遠至九溪，北山至靈隱或天竺）四萬五千元；（5）南山（到過九溪再轉北山黃龍洞或玉泉而不上靈隱）四萬元；（6）南山（不到九溪轉北山上靈隱）三萬五千元；（7）南山（到九溪回來走西山路經岳坟走裏、外湖進城）三萬五千元；（8）北山（靈隱下來走西山路或蘇堤在赤山埠範圍之內遊玩進城）三萬元；（9）北山（靈隱下來走西山路或蘇堤到南山在赤山埠以外最遠至六和塔）三萬五千元；（10）婚喪喜慶（不限城內外）三萬元；（11）其他城外（在有規定地點內）三萬元。

二、包乘半天，

以四小時為限，不供客飯，超過時間按包鐘點計算加價。（1）南山二萬元；（2）北山一萬八千元；（北山如要到龍井者照南山計算）；（3）一般城外一萬八千元。膳後至少休息十分鐘。

三、包乘鐘點，

每小時六千元，城外三小時起包，城內二小時起包。（以上係一九五三年四月修訂之價目）

人力車

人力車沒有規定價格，從城站至湖濱最高價是三千元。

遊船

西湖遊船的價目，也已劃一。在沿湖各碼頭邊，都有售票處，遊客購票乘船，極為方便。價格如下：

一、**計日**：全日（八小時）共三萬元，
半日（四小時）共一萬八千元。

二、**計時**：每小時五千元。

三、**計程**：

（1）由三潭印月至蔣莊或回原埠，一萬元；

（2）由湖心亭、紀念塔至中山公園或回原埠一萬元；（3）由三潭印月、湖心亭、紀念塔至各碼頭或回原埠一萬三千元；（4）三潭印月經蔣莊至各碼頭，一萬五千元。

四、**單程**：

自湖濱出發至下列各地：（1）至中山公園或平湖秋月或柳浪聞鶯上岸五千元；（2）至岳坟或西泠橋六千元；（3）至劉莊或茅家埠八千元；（4）至蔣莊或長橋或淨慈寺或清波門七千元；（5）至湧金門或斷橋四千元。

另有交通船自湖濱至岳坟、中山公園、平湖秋月每人七百元。

註：大船照價目加一倍半計算，如機關團體包船六隻

以上，憑介紹信九折優待。

山轎

　　旅客如雇用山轎遊山，可向慈雲埠轎埠雇乘，價目如下：

1. 至長橋船埠頭　每名轎工三千元。
2. 至玉皇山頂　每名轎工八千元。
3. 上玉皇山當卽返慈雲埠　每名轎工一萬元。
4. 上玉皇山由後山下山　每名轎工一萬二千元。
5. 上玉皇山至虎跑止　每名轎工一萬五千元。
6. 遊全南山（玉皇山、虎跑、烟霞洞、石屋洞、九溪十八澗、水樂洞、六和塔止）　每名轎工三萬元。
7. 遊全南山至五雲山、雲棲　每名轎工四萬元。
8. 遊全北山（岳坆、黃龍洞、紫雲洞、玉泉、靈隱、韜光、三天竺）　價目面議。
9. 遊其他各風景點　價目面議。

　　以上係轎工價目，轎工飯資由乘轎者另付。另在各山口，亦可臨時雇乘。

自由車租費價目

　　自由車租費一小時一千六百元，二小時三千元，二小時半三千五百元，三小時四千元，三小時半四千五百元，四小時五千元，四小時半五千五百元，半日六千元，全日一萬元，一日一夜一萬二千元，租二天每天按全日算九折優待，租三天每天按全日算八

折優待。

乙、文化娛樂場所

文化交誼：

		電話
工人文化宮	平海街	三三六〇
中蘇友誼館	仁和街	一三六九
青年會	青年路	一二七二

電影：

人民電影院	教仁街	二四一七
西湖電影院	平海街	二四〇〇
新華電影院	國貨街	一六二八
太平洋電影院	解放街	一三五八
勝利劇院	延齡路	一七六一
光明劇場	中山南路	
二七劇院	新福緣路	一七九五

戲劇：

新中國劇院	開元路	二五八五
中國大戲院	解放街	三三一〇
人民遊藝場	仁和街	二五七八
百樂歌舞廳	惠興路	

丙、旅館、浴室、飲食

　　杭州旅館大小有一百五十餘家。規模較大的旅館有清泰第二旅館、西湖飯店、滄洲飯店等，其中西湖、滄洲等旅館面臨西湖，憑窗遠眺，景色宜人。

		電話
西湖飯店	湖濱路八十九號	一四五一
清泰第二旅館	仁和街四十四號	一二〇五
滄洲飯店	平海街二七四號	一六三一
新泰旅館	延齡路九十七號	一七六九
湖濱慶記旅館	仁和街一五六號	二六三〇
湖邊森記旅館	仁和街一一九號	三一四一
大陸飯店	延齡路一二六號	二〇八〇
大同旅館	延齡路一六六號	
遠東飯店	解放街七三八號	一五〇五
中惠合記飯店	吳山路五十五號	二〇五二
玉皇山旅館	玉皇山山頂	二〇三〇
環湖旅館	湖濱路五十四號	一六六七
浙江旅館	湖濱路三十八號	二二五二

　　杭州市浴室有十家，開設在市區較大的計有明
湖、日新、湘海等（均附設女子浴室）。

日新池	延齡路五十四號	一七七九
明湖池	解放街六四〇號	三三〇三
湘海池	延齡路一七八號	二四七四

　　杭州飯菜，一般講來，有中菜、西菜兩種。中菜
因經營性質關係，又可以分為酒菜館、素菜館、清真
館、飯館、酒店、麵店、點心店、茶室及咖啡館。飯
菜除本地口味外，另有川菜、京菜。其中各菜、麵館
均各有特色的菜點，如太和園、樓外樓的醋溜魚；王
潤興的魚頭豆腐、醃件兒，老聚勝、聚水館的麵點；
奎元館的蝦爆鱔；西樂園的羊湯麵。

		電話
杭州酒家	延齡路	三四七七
天香樓菜館	教仁街	
多益處酒家	延齡路	
太和園菜館	外西湖	
樓外樓菜館	外西湖	一七七四
大達菜館	延齡路	
新會食品社（粵菜）	教仁街	一四五六轉
杏花樓酒家	解放街	
更新酒家	仁和街	
奎元館	中山中路	二一二七
知味觀	仁和街	三二〇二
王潤興（皇飯兒）	河坊街	
海豐松記菜室	延齡路	二三三三
延齡菜館	延齡路	
五芳齋	延齡路	
素春齋（淨素）	延齡路	
清真食堂（清真）	延齡路	
鴻興館（清真）	仁和街	
魏記（清真）	吳山路	
西樂園	河坊街	
九溪菜館	龍井九溪十八澗口	
福星素菜館	玉皇山山頂	

丁、土特產

　　杭州的土特產中有許多是名聞全國，甚至全世界的，尤其是工藝品中，都是勞動人民以自己的智慧，經過無數次困難，辛勤地創造出來的。茲擇主要的幾種介紹給遊覽者，使大家不僅賞識這些珍品，同時對這些名貴的產品的情況有一了解。

　　食品類方面，杭州的茶葉是全國聞名的，尤以龍井茶更甚。它的主要產地是獅子峯、龍井、雲棲、虎跑，即俗稱獅、龍、雲、虎之別。茶色綠而作荳花香。

產於清明前叫明前，初抽嫩葉，價貴而味淡；產於穀雨前叫雨前；都是綠茶。解放後因供應外銷需要，除綠茶外曾增製紅茶。在遊覽西湖各風景點時，各茶室都有，可以品茗一番。

　　工藝品方面，綢緞是杭州主要產品，遠在唐朝時，杭州的綢緞即享有盛名。宋朝在杭州設織造院，明清改設專局，織造各種絲織品。綢緞的種類繁多，因為織法花色之不同，因此名稱亦各有不同。如綢有大綢、明華綢、明星綢等十餘種；緞有星光緞、絨緯緞、花緞、軟緞、玻璃緞等十餘種；花紋都富有東方色彩圖案，五色繽紛。此外絲織品也為杭州的特產一種，不但暢銷全國各地，而且遠銷蘇聯及各新民主主義國家，頗得好譽。

　　杭州的剪刀因為精練磨礪，堅利美觀，式樣靈巧，銷路甚廣。一九五二年華東區物資交流大會上，杭州的剪刀被評為全區剪刀之冠。一九五三年夏季，杭州剪刀還出現在我國在蘇聯舉行的中華人民共和國工農業展覽會上。杭州的剪刀以用途來分，有「平布」、「平中、小」、「半小」、「大瓜子」、「中瓜子」、「小瓜子」、「裁剪」、「大金花」、「中金花」、「小金花」等多種。以外貌分，有「刮光」（即未經鍍鎳的原身）、「鍍鎳」和紮籐、紮絨、刻花等幾種。

　　綢傘也是杭州工藝品中著名的一種。綢傘的直徑不過二尺四寸。每柄裏外傘骨都是三十六支，以富陽的淡竹精製而成。傘面是用輕如羽紗，色彩絢麗的傘綢繃成的。綢面染色共有十二種，有緋紅、蔚藍、青綠、金

黃，妃色等。據說第一把杭州綢傘是在一九三二年誕生的，是杭州都錦生絲織廠工人造的，第一把綢傘上市後，立卽受到了顧客歡迎。現在杭州做綢傘的作坊共有九家（解放前只一家）。

杭州的扇子遠在宋朝時卽負盛名，它與杭綾、杭粉、杭烟、杭剪，同稱為五杭。杭扇的種類很多，就摺扇一類來說，其優劣全視扇骨，扇面次之，扇骨有靑竹、檀香、冲牙、光漆、棕竹、湘妃等分別。解放後，生活樸實，大都採用芭蕉扇和麥桿扇。

食品類

茶　葉　以龍井獅子峯出產的為最佳品，次為龍井、雲棲、虎跑、天竺、煙霞洞等處產品。出售處有杭州市龍井茶場營業部、翁隆盛等。

火　腿　產自金華，以蔣腿為最佳，杭州有土產公司、方裕和、萬隆等家可購得上品。

家鄉肉　肉糯而香，為杭州名產，以萬隆醃臘店為最佳。

蓴　菜　產自西湖三潭印月，各糖果店茶食店有售。

藕　粉　最佳品呈淺栗色，成片狀或粒狀者為最好。產自西湖，但產量不多。

橄　欖　杭州製橄欖的方法較精，味極佳，各食品店均有出售，以方裕和、葉受和、頤香齋為最佳。

醬　菜　杭州各醬園均能醃製，以醬瓜味為最好。

豆腐乾　西湖各風景點及城區均有小販沿街零賣五香

豆腐乾，味頗佳，價便宜。

山核桃 比胡桃小，炒熟後才好吃，味清而香，各炒貨、糖食店均有出售。

香 榧 用鹽水炒，香脆可口。以一頭大一頭小而尖者最好，橢圓形者次之。各炒貨、糖食店均有出售。

工藝品類

綢 緞 絲織工業是浙江省的重要工業，產量以杭州為主，佔百分之七十一。國營杭州百貨商店及其他綢緞店均有綢緞品出售。

絲織風景 絲織風景品為杭州特產品。都錦生、啟文、西泠禮品社等均有出售，其中絲織領袖像有大小尺寸多種，尺寸最小的每張售二千元，為送親戚朋友的好禮物。

紙 扇 紙扇為杭州特有的藝術品，以王星記等店製造者較精。

綢 傘 以都錦生、啟文等家出售的較佳。

剪 刀 以張小泉、老雙井記為佳。

毛 筆 以邵芝巖、胡開文、石愛文等出品為佳。

香 粉 以孔鳳春最出名。

竹 器 天竺筷最有名，其次如香籃、竹杖等。

絲 線 以張允升為佳。

泥 孩 杭州出產泥製人物鳥獸，精巧不讓無錫惠山。

戊、市區醫院

		電話
杭州市人民醫院	西浣紗路平海橋塊	一八五六
浙江省立杭州醫院	教仁街	一〇五七
杭州療養院	葛嶺山	一四四三
省立婦幼保健院	孩兒巷	一七六〇
浙江醫學院第一醫院	田家園	一一八五
浙江醫學院第二醫院	解放街	一四六〇

附錄一　西湖羣山

杭州四周圍的山，總的可分為四支。

南山：由聳峙在西湖西面的天竺山蜿蜒向東，包括龍井、南高、烟霞、大慈、玉岑、靈石、南屏、龍吟、鳳凰等山。北山：自天竺向北，有靈隱、北高、仙姑、棲霞、寶雲等山。南北兩山分峙，中抱西湖，層巒疊嶂，洞壑流泉，溪澗竹樹，景色綺麗秀霞。其次為江濱羣山、安溪西溪羣山。山脈的總支是由仙霞、天目兩山蜿蜒而來。

甲、南山

南山嶐峙，蜿蜒入城，自城隍山、鳳凰山至栗山，由南至西，約三十里，總稱南山。

南山的西面一共有五個山，即寶月（又稱天井）、峨嵋、淺山、七寶、金地等山，總稱吳山（即城隍山）。其中諸山各有附支。金地附支是竹園山；淺山附支是駱駝、紫坊嶺、鐵治嶺等；峨嵋附支是石佛、瑞石（即紫陽山）、寶蓮、清平等。這些附支的山，以紫陽山景色最佳，從紫陽山遠眺錢江、六和塔一帶，景色如畫。城隍山過去香火很盛，山上多賣卜算命之流，解放後隨着羣眾認識提高，經濟生活的好轉，這些俗語稱做「走江湖」的已很少存在。現在山上種植了大量的花卉樹木，山頂並設有茶座，遊覽者

在參觀山上各廟宇後，可在茶座小憩。炎夏時，山頂涼風拂拂，為避暑勝地。由環翠樓下山即大井巷、中山南路，交通便利。

城南為鳳凰山，山有萬松嶺，在城隍山的西面，離城約三里許，有公共汽車可至附近。其後為慈雲嶺，南下為包家山、玉池山，西為桃花嶺；東為筆架山、育王山（杭州人俗稱鍋子山，現在一般都稱玉皇山）離城有七里路。前有天花山，旁有九曜山（俗稱安家堂）。九曜山的附支東南有南屏山、太子灣；南有方家峪；北溯湖濱西上有雷峰，向西有丁婆嶺、婁家山、大慈山、妙因山、樵歌嶺（俗稱五子嶺）、龍山、白塔嶺。其中南屏、雷峰、玉皇等山可以一遊。南屏山在清波門外，從南山街步行去即可，峰巒聳秀，怪石玲瓏，峻壁橫坡，是一個天然的屏障。山上有慧日峰。雷峰在淨慈寺北，出淨慈寺大門即望見。山上原有雷峰塔，相傳係吳越王妃黃氏建造，以藏佛螺髻髮，故又名黃妃塔，公元一九二四年九月傾圮。在山頂看日落，風趣盎然，西湖十景中有「雷峰夕照」一景，即指此。玉皇山（又名天真山）出清波門，三輪車、人力車均可直達山腳下，山上有福星觀（俗稱玉皇宮），七星臺、七星亭、紫來洞、靈化洞（又名登雲洞），從七星臺俯視有八卦田，狀似八卦形，又似蛛網形。

九曜山北五里許，為南高峰，與北高峰對峙。山後為翁家山，有石徑自龍井達煙霞，約三里許，中有碧螺峰、風篁嶺，嶺上為龍井，嶺下為沙盆塢。其北

有金鐘峰、丫髻峰、雞籠山、馬婆嶺。南高峰上原有七級石塔，因年久石頭風化，塔已傾廢，峰下有天池洞，右有千人洞、無門洞。風篁嶺在靈石山西南，林壑深沉，風韻清淒。嶺下即杭州產茶名區龍井，其間名勝古蹟很多，為遊西湖者必到之地。

南高峰的支脈南為三台山，後為靈石山（又名積慶山）、平鼎山、延壽山、崑崙岩、大麥嶺、小麥嶺、丁家山、花家山。東為鳳凰嶺、穎秀塢、玉岑山、石屋嶺、赤山、赤山，下為赤山埠。西南為煙霞洞，旁有佛手、落石、象鼻等岩。下為水樂洞、石屋洞。由水樂洞向西為楊梅嶺，嶺西為九溪、十八澗；東為滿覺壠、白鶴峰，與大慈峰相峙。東為雙髻峰，西為馬鞍山、月輪山。這一帶可遊玩的有九溪、十八澗，遊者循溪緩行，或茶肆小息、或濯足溪澗，都別有樂處，為西湖最幽靜處，遊覽者不可不到。

風篁嶺北為棋盤山、獅子峰、老龍井、嶺下水滙歸隱橋、九溪、十八澗入於江中。棋盤山西為瑯璫嶺，上有天門山，西北為栗山。南山名勝古蹟較多，遊覽者如在杭州停留時間較長，可分作二天遊，如小遊即返，半日也可窺見大概。

乙、北山

由栗山至北高峰，約有五里路，北高峰至棲霞嶺約有十里路，棲霞至寶稷山約六里。它的南北面為西溪。諸山連貫，總稱北山。

　　天門山的北面為三竺（即上、中、下三天竺）、五峰（即雙桂、白雲、中印、稽留、月桂等峰）。這些山峰間又有捫壁、幽淙等嶺；百丈、烏石、天香、千歲、日月等岩和三生、圓公等石。其中下天竺景色較佳，山在雲林寺南，從靈隱飛來峰至此，只一里多路。山石奇峻，寺後有金佛洞、三生石、蓮花泉、瓔珞泉等。所有巖洞，岩石嵌空玲瓏，奇異可賞。

　　天門山北有乳竇峰，峰下有空巖，懸乳如脂，因以乳竇為名。它的附支是永清塢、集慶山、九里松、仙芝嶺（又稱普福嶺），下有溪徑，越茅家埠入於西湖。

　　飛來峰（又名靈鷲峰）在靈隱、峰上有翻經臺，附近有青林、虎頭，玉女等岩；有呼猿、龍泓、玉乳、射旭、通江等和臥犀、醴泉、燄泉、冷泉等泉。飛來峰是遊靈隱必遊之處，峰石高數十丈，為湖上諸峰之冠。旁有「一線天」（又稱玉乳洞）。

　　北高峰又稱武林山，峰後有白沙嶺、石人嶺、龍門山、形勝山、烏石峰（又稱石筍峰）、西灣峰、大桐塢。北有金沙銀沙二泉。再北有慶化山、清芝塢、玉泉塢、桃源嶺（又稱駝巘嶺）、法華山、石壁山、龍駒山、秦亭山。北高峰的支脈為黃姑山。山有石蕩村、仙姑山。沿東山弄向東為履泰山、棲霞嶺。嶺下為岳坟，嶺後有紫雲洞、黃龍洞、金鼓洞、掃箒塢、古劍關和虎頭岩。北高峰在靈隱寺後，曲折三十六灣，峰腰有韜光寺，如遊靈隱時可以順便一遊。其次棲霞嶺、岳坟和紫雲、黃龍等洞都屬西湖名勝，各有獨到的風景。棲霞嶺旁即古劍關，南宋時名將牛皋的墓就在嶺上。紫

雲洞峭聳嵌空，石色如暮雲凝紫，陰涼徹骨。黃龍洞建築莊嚴典麗，風景極佳，洞上有臥雲洞（據傳此係真正的黃龍洞）。

寶雲山的附支一為瑪瑙山、葛嶺（又稱初陽台）、寶石山。北為寶褥山（又稱巨石），有保俶塔、獅子峰、壽星、倚雲、屯霞等石。附支二為霍山。山的支脈渡西冷為孤山。寶雲山另一名為寶雲茶塢，宋朝時此處所產的茶係進貢封建帝王的物品，和龍井茶幷稱為西湖名茶。遊葛嶺宜觀日出，旭日東昇，朝霞萬道，景色神奇。但平時登高，遠眺錢江，沙鷗點點，近覽西湖，烟柳臨風，也可使人樂而忘返。保俶塔和雷峰塔同被稱為湖上兩浮屠，雷峰如入定老衲，保俶則如婀娜美人，各有風姿。其次孤山現在闢為梅林區，孤山賞梅為西湖名景之一。

丙、江濱羣山

栗山的西面為黃山，其中最高的為焦山，餘為觀山、白巖山、石龍山、茱萸尖、石灰嶺、金子衖、太祖山等。西南溯江而上為定山等，與富陽接壤。西北沿苕溪而下為欽賢、履泰、孝女等山，與德清縣接壤。

黃山的支脈東南行為柏子尖山、牛方嶺，折西為百丈山。自焦山東南行，為馬鞍山，由白巖山東南行為九里暗山、分金嶺（可達西溪閑林埠）、大人嶺、眠牛山（俗稱桑柳坂或定南山）、青山（又稱密家灣）。由石龍山東南行為疊山、解頭山、鯉魚山、旋

井山、長山、浮山。由茱萸尖東西行為大湖山、瓜籐
山、神山、石和尚山、羅帶山等。

沿錢塘江，由定山、五雲山以至龕、赭二山，在
市界內共七十餘里。其中諸山，總稱江濱羣山。

丁、安溪西溪羣山

西溪諸山由石人嶺的支脈石人塢至法華、秦亭
諸山，約十八里，即為留下鎮。由焦山西北行為龍門
山、大青嶺、白栗山、安樂山、荊山、七十二賢人峰
和臥象山。

西溪是在西湖北山的後面，靈隱山的西北。從
松木場開始到留下鎮止，路與溪平行，因此又稱沿山
河。溪水彎流，羣山四繞，沿溪一片蘆花，每當蘆花
開時，一望似雪，風搖雁飛，別有天地。到西溪有兩
條路，一條自仙姑山入青芝塢，經過治華山；另一條
由寶石山背後彌陀寺經過秦亭、太華、安樂等山。

過去這一帶因為香市關係，曾盛極一時。解放以
後，羣眾覺悟提高，香汛冷落，遂無昔日風光。如在
杭州逗留時間較長，在暢遊南山、北山各區後，不妨
一遊。這一帶有花塢、梅花泉等名勝，和湖上景色相
比，另有一種風趣，尤其是月夜西溪，更別饒幽致。

西溪至安溪，有大雄山，在苕溪的東面，由龍潭
渡苕溪至茅山、白鶴山、大僕山、劉伶圩、銀子嶺、
豫陽山、五郎山、楊梅山、教場塢。由大雄山向西為
陽山、觀山。北為虎母山、馬山。折向東南為冉山、

響山、小山。北面有荀山、壺山、雉山。

　　苕溪的東面為紫雲山。西為後郎山、裏長山、外長山、西唐山、米堆山。旁邊卽窰山（又稱瓶窰）、角寶灣。由此渡苕溪為洋山、唐墓山、全山。折向西南為烏山。南為篠山、莊山、嵩山。由紫雲山沿苕溪，向東為韜光山、石璞山、生金山。東北為樸山、青龍山、洋後山、東明山。北為大遮山。東南為烏尖山。北為峨墅嶺、太平山。東為金龍山、石門嶺、鳳泉山、萬松山。

　　以上諸山在市界內沿溪約三十餘里，總稱安溪西溪羣山。其中西溪一帶可以遊覽之處較多，交通也比較方便。

附錄二　飛來峯岩洞

　　杭州飛來峯岩洞，舊傳有七十二洞，惟年久掩塞，存者不多。解放後，經發掘考查，已有一些新的發現。

　　飛來峯岩洞中最南端的一個叫青龍洞，又叫老虎洞。青林洞東北的一個叫玉乳洞，又叫蝙蝠洞。最北靠近春淙亭的一個叫龍泓洞，又叫觀音洞或通天洞。從龍泓洞向北又進了射旭洞，就是有名的「一線天」。

　　青林洞內靠東的石壁上雕刻着佛教故事「盧舍那佛會」。佛龕裏面居中坐在蓮華座上的是盧舍那佛，左面是文殊，右面是普賢，還有四天王和四菩薩像，再加上隨身供養，一共十五尊；龕外有兩個「飛天」（龕的左右和下面刻有幾十尊小佛像和小羅漢）。這些都是十一世紀二十年代（宋真宗乾興、天聖年間）的作品。

　　對面石壁上有十八尊小羅漢，各約一尺高。下面石座上刻着「宋仁宗皇祐二年六月二日」的字樣，證明是十一世紀五十年代的作品。

　　青林洞口上面有下生彌勒坐像，約兩尺高，是和洞內的盧舍那佛會同時雕刻的。

　　青林洞南口的左邊，有毘盧遮那佛和文殊、普賢像，都坐在蓮華座上，是十三世紀八十年代（元朝至元十九年）的作品。

　　進入洞口右折盡頭處有三尊小型的佛像（彌陀、

觀音、大勢至），刻有「後周太祖廣順元年」字樣，是公元九五一年造的。

青林的北邊有個洞，洞內有幾十尊羅漢像，無年代可考，根據雕刻的作風來看大概是元朝的作品。

玉乳洞靠南的石壁上有釋迦三尊和釋迦的坐像。佛像的左右上下刻有五十多尊羅漢。三尊佛像是宋理宗淳佑八年（一二四八）造的，羅漢大都是宋真宗咸平（998-1003）時候造的。

龍泓洞口上面的山壁上有十多個佛龕，佛龕裏面都有佛像，立的，坐的，也有靠着的。這些佛像大都是元世祖至元二十四年（一二八七）前後的作品。全是喇嘛教的風格。

龍泓洞入口右邊刻有玄奘法師取經故事。玄奘走在前面，一馬馱經函，一馬馱蓮座，三人趕馬，兩僧隨行。洞口有個六角七層的石塔，叫理公塔，高二丈五尺。明萬曆十八年（一五九○年）重建。理公就是創建靈隱寺的慧理和尚，塔上刻有佛像和金剛經。塔旁有一尊金剛手菩薩像，是元世祖至元二十七年（一二九二）一個蒙古貴族的妻子捐錢造的。

龍泓洞內有觀音菩薩像，佛龕的左右有童子像，左邊的兩個全破損了。這是元朝初年的作品。

射旭洞入口上部有許多佛龕和佛像，大都是元朝的作品。

飛來峯沿溪的山壁上有一尊很大的彌勒佛像，是宋真宗咸平三年（一○○○）造的。後來又添雕了十八尊羅漢，都是北宋時候的傑作。據說那尊彌勒佛

像實在是布袋和尚（公元六世紀的一個高僧）的像，因為樣子很像彌勒，日久，大家都當作彌勒像了。還有一尊多聞天像（一般叫多寶天王），是元世祖至元二十九年（一二九二）一個官員捐錢造的。像高約十二尺，狀貌雄偉。

　　還有佛頂尊勝像。佛龕作穹窿狀，寬高各約十二尺。龕頂有相輪，相輪左右有飛天。佛像約高四尺五寸，左右有四天部像。這是喇嘛教的造像，元朝初年的作品。龕的北邊有尊無量壽佛像，據說是奉西藏喇嘛教的楊璉真加自己的像，楊璉真加當時做「江淮釋教都總統」，他有意把自己的像雕在裏面。

　　天王殿前面分列左右的兩個經幢，是吳越王錢俶在宋太祖開寶二年（九六五）造的。經幢高約二丈五尺，八角形。右幢一面刻「新建佛國寶幢願文」，其他七面刻「隨求即得大自在陀羅尼」。左幢刻「大佛頂陀羅尼」。幢上有蓋，蓋上重疊蓮座和小幢好幾層，上面又加寶頂。小幢各面也刻有小小佛像。

　　大雄寶殿前面二個八角九層的石塔，有人說是南朝梁代（五〇二—五五七）的遺物，也有的說是五代時吳越王為永明大師所建。塔上刻有佛像以及經咒。

廣告

民國城市 06

中國近代歷史城市指南：
杭州篇（四）

City Guidebooks of Modern China:
Hangzhou Section IV

作　　者　中央研究院近代史研究所
　　　　　城市史研究群　選編
總 編 輯　陳新林、呂芳上
執行編輯　林弘毅
封面設計　陳新林
排　　版　溫心忻

出 版 者　🏛 **中央研究院近代史研究所**
　　　　　11529 台北市南港區研究院路二段
　　　　　128 號
　　　　　TEL：+886-2-2782-4166

　　　　　🛡 **開源書局出版有限公司**
　　　　　香港金鐘夏愨道 18 號海富中心
　　　　　1 座 26 樓 06 室
　　　　　TEL：+852-35860995

　　　　　❀ **民國歷史文化學社**
　　　　　10646 台北市大安區羅斯福路三段
　　　　　37 號 7 樓之 1
　　　　　TEL：+886-2-2369-6912
　　　　　FAX：+886-2-2369-6990

銷 售 處　**源流成文化 股份有限公司**
　　　　　10646 台北市大安區羅斯福路三段
　　　　　37 號 7 樓之 1
　　　　　TEL：+886-2-2369-6912
　　　　　FAX：+886-2-2369-6990
初版一刷　2019 年 12 月 31 日
定　　價　新台幣 400 元
　　　　　港　幣 115 元
　　　　　美　元　15 元
I S B N　978-988-8637-47-8
印　　刷　長達印刷有限公司
　　　　　台北市西園路二段 50 巷 4 弄 21 號
　　　　　TEL：+886-2-2304-0488